Frank Wolfram Wagner

Deutsche Heimatvertriebene

Neue Heimat Bundesrepublik Deutschland oder ein Leben lang fremd hier?

Verlag und Druck:
tredition GmbH
Halenreie 40-44
22359 Hamburg

Bibliografische Information der Deutschen Nationalbibliothek:
Die Deutsche Nationalbibliothek verzeichnet diese Publikation in der Deutschen Nationalbibliografie; detaillierte bibliografische Daten sind im Internet über http://dnb.d-nb.de abrufbar.

Dr. phil Frank Wolfram Wagner ist Sozialphäno-
menologe, Schüler von Richard Grathoff, Diplom-
Soziologe, Bevölkerungswissenschaftler und Poli-
tikwissenschaftler. Forschungsschwerpunkte: Deut-
sche Aussiedler und deutsche Heimatvertriebene,
Soziologie der Behinderung, Parteienforschung,
Stadtsoziologie.
E-mail : frawowa@web.de

Gewidmet dem Andenken an meinen Großvater,
Assessor Kurt Erwin
11. Dezember 1908 in Ortelsburg/Ostpreußen –
15. Dezember 1983 in Lemgo/Lippe

Inhalt

Einleitung

Als der Soziologe Georg Simmel vor mehr als hundert Jahren sein Werk „Die Großstädte und das Geistesleben" verfasste, monierte er eine „Abstumpfung gegen die Unterschiede der Dinge". Wenn heute die Wissenschaft oder Politiker kulturelle Vielfalt statt Leitkultur fordern, ignorieren diese ebenso die kulturellen Unterschiede der Dinge. „Unser Ziel ist es, die kulturelle Vielfalt im Land zu erhalten und allen Menschen Zugang zu den Angeboten zu ermöglichen". (Rode-Bosse 2017, S. 9). So eindeutig positioniert sich die ehemalige Detmolder SPD-Bundestagsabgeordnete Petra Rode-Bosse. Ein Blick auf die deutschen Minderheiten in Europa lässt hingegen sichtbar werden, dass diese nach dem Prinzip der Leitkultur der Mehrheitsgesellschaft organisiert sind. Egal, ob es sich um die Deutschen in Polen, die 87000 Deutschen in Belgien oder die 978000 deutschsprachigen Elsässer und Lothringer handelt.

Eine von Frau Rode-Bosse, SPD, eingeforderte Vielfältigkeit der Kultur, worunter Rode-Bosse die außereuropäische Kultur von muslimischen Zuwanderern meint, ist zeitgeistkonform. Ein konträrer Blickwinkel lautet: Europa und Deutschland befruchten sich kulturell im Rahmen ihrer jeweiligen Leitkultur in den Nationalstaaten.

Zwischen Atlantik und Ural leben 768 Millionen Menschen in 47 Staaten und 100 größeren oder kleineren Völkern. Jeder siebte Bewohner Europas fühlt sich einer Minderheit zugehörig, denn ein Siebtel aller Europäer, nämlich gut 107 Millionen Menschen, sind Angehörige größerer, respektive kleinerer Minderheiten. Europa ist überaus reich an Kulturen und Sprachen; sie sind sozusagen konstitutives Element des Kontinents. Dabei sind ausweislich der klaren und präzisen Zu- sowie Einordnung die meisten der 38 minderheitenrelevanten Staaten als Nationalstaaten konzipiert, wenngleich sie in Wirklichkeit multinationale Staaten mit traditionellen Volksgruppen bzw. nationalen oder ethnischen Minderheiten sind (von Odenwald 2016, S. 59).

Ein Sonderfall ist bis 1990 die deutsche Frage. Der in 2017 verstorbene Kultursoziologe Henning Eichberg schildert in einem Artikel für das politische Magazin „Wir selbst" Nr. 1/1998 von einer Begegnung mit dem politischen Querdenker August Haußleiter, die seinen weiteren politischen Weg beeinflusst. Eichberg schreibt über die Begegnung mit Haußleiter im Jahr 1970, als er selber gerade dabei war gegen das Treffen Willy Brandts mit Willi Stoph, einer politischen Einflussgröße aus der DDR, zu demonstrieren: „Gerade auf diesem gefühlsmäßigen Höhepunkt meiner Demonstration traf mich ein Schock. Auf der Straße begegnete ich einem alten Mann, auf den mich meine Begleiter aufmerksam machten. „Da drüben geht der Haußleiter" sagten sie. August Haußleiter war der Vorsitzende einer kleinen nationalistischen Partei, die aber neutralistisch orientiert war, der „Deutschen Gemeinschaft": Als solcher hatte er das Gespräch mit den linksradikalen Studenten des SDS gesucht und unterstützte vor allem die Ostpolitik Willy Brandts. (Später wurde er einer der ersten Bundessprecher der Grünen, die er mitbegründete). Dieser alte Mann kam also auf uns, eine Gruppe junger Leute, mit schwarzen und schwarz-rot-goldenen Fahnen zu und fragte kopfschüttelnd: „Was macht ihr da eigentlich? Brandt und Stoph – das sind doch beides Deutsche. Sie wollen miteinander sprechen, was ist daran denn eigentlich falsch?" Ich blieb verwirrt zurück und trug die Irritation mit mir weiter (Eichberg 1999, S. 35). Fehlende Kommunikationsbereitschaft ist die häufige Ursache für politische Konflikte, die in einem Status Quo verharren. Der Historiker Jörg Baberowski hat den Begriff „Gewaltraum" in den wissenschaftlichen Diskurs eingeführt. Man könnte somit den Wanderungsvorgang der deutschen Heimatvertriebenen als Vorgang in einem Gewaltraum kennzeichnen. Der Historiker Karl-Heinz Weißmann sagt über die deutschen Heimatvertriebenen aus Ost- und Südosteuropa: „Sie wollten unsichtbar sein. Die Ostdeutschen hatten den Wunsch nach Normalität. Es ging auch darum, die eigene Besonderheit abzustreifen". (Weißmann 2012, S. 15). Demnach findet eine politische Radikalisierung der deutschen Vertriebenen im Übergang vom Nachkriegselend nicht statt. Heißt das auch, dass es keinen Mut zur Identität mehr gibt, in der das Eigene erkannt und verteidigt wird?

Milan Horáček ist jemand, der Identität als vollständige Identität mit sich selbst begreift. Das hat etwas mit Identität und Selbstbewusstsein zu tun. Horáček ist heute bekennender Sudetendeutscher, denn Identität umfasst auch eine geographische Identität. Die Anhänger der Grünen versuchen sich bis heute vor der Erkenntnis zu schützen, dass die Partei Beuys mehrheitlich stets verachtet hat, nicht zuletzt wird es deutlich, als diese ihm ein Bundestagsmandat ab 1983 mehrheitlich verweigerte, was ihn und seine Familie endlich finanziell abgesichert hätte. Damit aber noch nicht genug. Im Mai 2018 wirft das Magazin „Der Spiegel" der Kunstwelt schwindende Glaubwürdigkeit im Kontext mit der angeblichen NS-Vergangenheit von Joseph Beuys vor. Ulrike Knöfel kommentiert: "Doch Kunst ist nichts, das man vor der Wahrheit schützen muss. Beuys, der hoch talentierte Vernebler seiner selbst, ist nicht mehr das Problem, die Heuchelei der Kunstwelt, ihre schwindende Glaubwürdigkeit sind es sehr wohl." (Knöfel 2018, S.116) Die "Freie Internationale Hochschule für Kreativität und interdisziplinäre Forschung/Free International University for Creativity and Interdisciplinary Research (F.I.U.)", die Beuys zusammen mit Milan Horáček an der Kunsthochschule in Düsseldorf gründete, war nie eine Partei, sondern ein alternatives Bildungsinstitut, die Joseph Beuys aus Verärgerung über den etablierten universitären Elitismus gegründet hatte. Die F.I.U. wurde am 27. April 1973 gegründet. Milan Horáček wird 1979 Ersatzkandidat von Joseph Beuys auf einer grünen Europaliste, demnach noch vor der Gründung der Partei „Die Grünen" in 1980 (Lohse 2015, S. 3). Horáček, der 1983 für die Grünen Bundestagsabgeordneter und 2014 in das Präsidium des Bundes der Vertriebenen gewählt wird, lebt seine personale Identität im Kontakt mit verschiedenen Organisationen. Milan Horáček erkennt das Eigene und verteidigt es, ebenso wie August Haußleiter, der zunächst die Deutsche Gemeinschaft (DG), dann die Aktionsgemeinschaft Unabhängiger Deutscher (AUD) führte und zuletzt, in 1980, einer der Vorstandssprecher der Grünen wurde.

Konnten das viele Heimatvertriebene, ihre Identität mit Selbstbewusstsein in der Fremde leben?

Das erste Kapitel sieht kulturelle Differenz oder auch Armut als Merkmale für Fremdheit und soziale Spaltung in der deutschen Gesellschaft des Jahres 2017.

Im zweiten Kapitel wird gegen die globale Idee der Entgrenzung die Vorstellung der Weiterexistenz von Staaten, Völkern, Nationalitäten, auch anhand von konkreten Beispielen in Europa, beschrieben.

Im dritten Kapitel ist die Europäische Charta der Regional- und Minderheitensprachen ein Thema. Außerdem wird die quantitative Verteilung der deutschen Minderheit in Europa beleuchtet.

Im vierten Kapitel geht es zunächst um die quantitative Zuwanderung von Russlanddeutschen nach Deutschland, um dann anhand eines NKWD-Befehls von 1937 das antimenschliche sowjetische Handeln in der Stalinzeit exemplarisch vorzustellen. Zuletzt geht es um die politische Parteienpräferenz von Russlanddeutschen anhand von quantitativen Daten aus dem Jahr 2015.

Im fünften Kapitel wird der Begriff Ressentiment erläutert. Ein negatives Gefühl, das sich bei positiver Erfahrung, oft erst nach Jahren wieder auflösen kann. Einem Ressentiment gegen sie, mit diesem Gefühl waren sowohl deutsche Heimatvertriebene als auch später Russlanddeutsche konfrontiert.

Im sechsten Kapitel geht es um den politischen Einfluss deutscher Vertriebenenpolitiker in den etablierten Parteien.

Im siebten Kapitel geht es um die wichtigste deutsche Heimatvertriebenenpartei, den Block der Heimatvertriebenen (BHE), der in seiner Präsenz im deutschen Bundestag in den 50-er Jahren des 20. Jahrhunderts bestimmenden personellen Einfluss auf den BDV hatte.

Jeder, der sich schämt, der verliert an Macht, das sagt der Soziologe Sighard Neckel. Macht Scham die deutschen Heimatvertriebenen machtloser? Darum geht es im achten Kapitel.

Durch Sprache ist überhaupt die komplexe Ausdifferenzierung der Gesellschaft entstanden. Heimatverlust führt zu Mundartverlust, das ist die These des neunten Kapitels.

Bundeskanzlerin Merkel hat für einige Russlanddeutsche nicht mehr die politische Bindungskraft eines Helmut Kohl. Um die parteipolitische Verortung der Russlanddeutschen geht es im 10. Kapitel.

Im 11. Kapitel wird anhand des Beispiels Detmold-Herberhausen auf die neue politische Attraktivität der AfD für Russlanddeutsche hingewiesen.

Wahre Heimat hat etwas mit dem Glauben an Gott zu tun. Was das Schicksal mit der Heimat zu tun hat, das erfährt der Leser im 12. Kapitel, wenn er sich auf geistige Glaubensgesetzmäßigkeiten einlassen mag.

Im 13. Kapitel geht es um die Traumata deutscher Heimatvertriebener anhand eines Interviews mit dem Psychologen Hopf, der sich erinnert, nach dem Krieg häufig als Lagerstinker stigmatisiert worden zu sein.

Im 14. Kapitel wird dem im Februar 2018 verstorbenen Bundesminister a.D. Dr. Herbert Ehrenberg gedacht, der 1926 in Goldap in Ostpreußen geboren wurde.

Heimatbildung wurde von den Alliierten in den vier Besatzungszonen erschwert. Die deutschen Heimatvertriebenen sollten sich nicht in landsmannschaftlicher Geschlossenheit in den Westzonen ansiedeln, was als homogene Sondergruppe angesehen worden wäre, die sich einer angestrebten Integration leichter hätte entziehen können (Piorr 1998, S. 148).

Nach einer Umfrage von 1955 bilden in Wanne-Eickel Ostpreußen die Hauptgruppe der insgesamt 9952 Flüchtlinge. Bei den 12378 in Herne gezählten Vertriebenen überwiegen die Niederschlesier mit 29,2 % (ebenda).

Obschon von den Alliierten erschwert, ist zumindest in den ehemaligen Westzonen eine landsmannschaftliche Typisierung auf Kommunalebene oftmals möglich. Das christliche Europa wird seit 2015 durch außereuropäische Migration auf seine Nächstenliebe hin geprüft und im Jahr 2017 veröffentlichen die Soziologen Olaf Müller und Detlef Pollack eine Studie zur Befindlichkeit türkischer Migranten in der BRD.

Gerade diese beiden Phänomene machen es aus meiner Sicht nötig, den Fokus phänomenologischer Betrachtung auf die Befindlichkeit deutscher Heimatvertriebener zu lenken.

Die deutsche Politik ist seit Adenauer dem Primat der Westbindung verpflichtet. Wer das in Zweifel zieht, der hat es schwer, das gilt für Kurt Schumacher, SPD, genauso wie für Friedrich Middelhauves, nordrhein-westfälische FDP. Aber selbst der heutige FDP-Vorsitzende Christian Lindner muss sich im November 2017 tagelang rechtfertigen, warum das Jamaicabündnis nicht seiner Idee von gesellschaftlicher Modernisierung entspricht (Lindner 2017, S. 2), obschon die FDP die Westbindung heute gar nicht mehr in Frage stellt, aber die klare Ablehnung politischer Bevormundung zum Zweck der Durchsetzung grüner Ideologie ist heute politisch ähnlich kontrovers wie vor Jahrzehnten die Skepsis gegenüber der Sprachlosigkeit des Westens gegenüber dem Ostblock.

Das Thema deutsche Heimatvertriebene im Jahr 2018 zum Gegenstand qualitativer Forschung zu machen, das entspricht nicht unbedingt dem Zeitgeist. Politische Correctness hindert manchmal, ein brisantes Thema im Fokus zu halten.

Dieses Buch möchte dem entgegenwirken und neue Perspektiven und Sichtweisen mit dem Thema „Deutsche Heimatvertriebene" eröffnen und nicht zuletzt deutlich machen, wie viel positives Denken sehr viele deutsche Heimatvertriebene in die BRD mitbringen und dadurch zu politischer Stabilität und wirtschaftlichem Aufschwung in den Nachkriegsjahrzehnten entscheidend beitragen.

Fremdheit aufgrund von Armut und kultureller Differenz

Die Münsteraner Soziologen Olaf Müller und Detlef Pollack veröffentlichen am 03.07.2017 in: Aus Politik und Zeitgeschichte, der Beilage der Wochenzeitung „Das Parlament" unter dem Titel „Angekommen und auch wertgeschätzt?" einen Beitrag über die Integration von Türkischstämmigen in Deutschland. In einer quantitativen Befragung stimmen immerhin 51 % der Befragten der Aussage stark oder eher zu: „Als Türkischstämmiger fühle ich mich als Bürger 2. Klasse". Dass der eigene Wille und die persönliche Anstrengung nicht reichen um „dazuzugehören", weil generelle Inklusionsbarrieren auch seitens der Mehrheitsgesellschaft, meint ebenfalls jeder zweite Befragte (Müller/Pollack 2017, S. 42).

Ist das Nichtdazugehören aber beschränkt auf die Türkischstämmigen in Deutschland?

Gibt es das Gefühl des Nichtdazugehörens nicht auch als Gefühl der heimatvertriebenen Deutschen? Hat nicht dazugehören nicht auch meistens etwas mit materieller Armut zu tun?

In der 242. Sitzung des 18. Deutschen Bundestags am 28.06.2017 äußern sich Bundestagsabgeordnete zum Armuts- und Reichtumsbericht der Bundesregierung.

Der CDU-Bundestagsabgeordnete Kai Whittaker, CDU, sagt. „Dass wir in Deutschland mehr Umverteilung brauchen, ist falsch. Unser Ziel ist deshalb klar. Es geht nicht um das Verteilen von Almosen. Die Würde des Menschen bemisst sich nicht nach der Höhe des Sozialtransfers, sondern danach, ob er mit seiner eigenen Hände Arbeit sein Leben bestreiten kann und auf den eigenen Beinen stehen kann. Das ist unser Anspruch als Christdemokraten." (Whittaker 2017, S. 2).

Einen konträren Blickwinkel auf die von Armut und sozialer Exklusion betroffenen Menschen in der deutschen Gesellschaft hat der grüne Bundestagsabgeordnete Wolfgang Stegmann-Kuhn: „Es ist viel schlimmer geworden. Die Zahl derjenigen, die trotz Erwerbstätigkeit in Armut leben, also die working poor, hat deutlich angezogen, seit die CDU regiert. Es sind mittlerweile 9 %. Das klingt erst mal nicht viel. Aber 9 % von 43 Millionen Menschen bedeutet, dass 4 Millionen Erwerbstätige von ihrer Hände Arbeit nicht leben können."

Wir brauchen ein nationales Programm gegen Obdachlosigkeit. Wenn man mal rausgeht, bemerkt man die Menschen, die auf der Straße leben müssen. Wenn sie mit der U-Bahn fahren, sehen sie: An der Friedrichstraße sitzen immer die gleichen Leute. Es gibt in Deutschland etwa 300.000 Obdachlose, das ist keine amtliche Statistik, das sind Schätzungen von Wohnungsloseninitiativen. Diese Zahl kommt noch zu den 13 Millionen Menschen hinzu, die in Deutschland auf Hartz-IV-Niveau oder sogar darunter leben" (Stegmann-Kuhn 2017, S. 3 – 4).

Kann es sein, dass die politische Elite des sozialen Problems Armut und Obdachlosigkeit im Jahr 2017 müde ist? Geht das überhaupt? Der koreanische Philosoph Han glaubt, dass Müdigkeit eine Ursache für soziale Probleme ist. „Die Müdigkeit der Leistungsgesellschaft ist eine Müdigkeit, die vereinzelnd und isolierend wirkt." (Han 2010, S. 55).

Müdigkeit ist vielmehr eine Folge sozialer Probleme. Jeder Mensch hat den Wunsch nach einem guten Leben. Dieses gute Leben wird in Deutschland für immer weniger Menschen Wirklichkeit. Einen Fahrstuhleffekt (Ulrich Beck) gibt es nicht mehr. Während die einen nach oben fahren, fahren die anderen nach unten. Der Kölner Armutsforscher Christof Butterwegge nennt das Paternoster-Effekt.

Auch einige Russlanddeutsche fürchteten sich vor Armut und fühlen sich aufgrund der Migrationspolitik der deutschen Bundesregierung nicht genug wertgeschätzt. Eine Russlanddeutsche sagt: „Die kommen einfach hierher und Frau Merkel gibt ihnen alles." (Müller-Mertens 2016, S. 27).

Gemeint sind die fremdkulturellen Zuwanderer nach Deutschland.

Die oben haben mehr, die unten haben weniger: Einkommen, Ansehen, Bildung. Bis auf eine Schicht von Globalisierungsgewinnern, die immer wohlhabender wird, rutscht die Schichtpyramide ab mittlerer Mittelschicht ab, also folglich nach unten. Die Lebensbedingungen verschlechtern sich. Ein Subproletariat (Jost Bauch) oder auch Lumpenproletariat (Karl Marx) entsteht, ohne Arbeit, ohne Perspektive, ohne soziale Bindung.

Es ist deshalb nicht wirklich empfehlenswert, einer Idee des demographischen Antirassismus (Renaud Camus) zu folgen. Wer heute in Europa ankommt, der wird oftmals nicht wertgeschätzt, viele ehemalige Gastarbeiter der 3. Generation fühlen sich bis heute nicht wertgeschätzt. Nicht einmal deutsche Obdachlose fühlen sich heute in Deutschland wertgeschätzt.

Ein im Jahr 2005 75jähriger Obdachloser sagt: „Ich beuge mich niemandem mehr, vorher gehe ich kaputt. Man hat mich ins Waisenheim gesteckt, das war so üblich damals. Man hat mich seelisch zum Krüppel dressiert. Das Waisenhaus von Pirmasens war der Ursprung von allem. Mein Leben ist gelaufen, ich will nur noch meine Ruhe haben." (Faltin 2005, S. 25).

Es gibt in den 1950er Jahren des 20. Jahrhunderts vielfach die Idee, deutsche Heimatvertriebene nach Übersee auswandern zu lassen. „Weil das Ausland sich nur bereitfinden würde, Arbeitskräfte und voll erwerbsfähige Personen aufzunehmen", heißt es. Man nimmt aber von einer staatlichen Förderung deutscher Heimatvertriebener Abstand, da soll kein Missverhältnis in der BRD zwischen den produktiven Kräften und dem sozialen Gepäck entstehen", so Bundesvertriebenenminister Hans Lukaschek, CDU in 1950 (Sternberg 2012, S. 31).

Wider der grenzenlosen Entgrenzung

Trotz der Europäischen Union geht es in Europa weiterhin auch um Staaten, Völker und Nationalitäten. „Der Denkfehler in der westlichen Welt besteht darin zu glauben, staatliche Gebilde wie die „Jugoslawische Föderation" oder die „Union der sozialistischen Sowjetrepubliken" hätte sogleich etwas zu tun mit der Europäischen Gemeinschaft, sobald man sich dort den Fesseln des Kommunismus entledigt habe.

Dass die „nationale Frage" in Europa virulent ist, zeigen die mit Waffengewalt ausgetragenen Sezessionskonflikte des nach Titos Tod rasch erodierenden südslawischen Staatgebildes. Am Verhalten einiger westeuropäischer Regierungen gegenüber den Selbständigkeitsbestrebungen der Slowenen und Kroaten, aber auch der Esten, Letten und Litauer ist augenfällig geworden, dass die Furcht vor Separatismus im eigenen Lande das Handeln bestimmt. Dies rührt von der sich nach dem Zweiten Weltkrieg zunächst verbreiteten Zuversicht her, wonach im Zuge der Europäisierung die Nationalstaaten allmählich verschwinden und somit die „nationale Frage" gleichsam als Erscheinung des 19. Jahrhunderts überwunden wurde. Die machtpolitische Ignoranz gegenüber historisch-kulturraumlicher, ethnischer Zugehörigkeit und Sprachgrenzen verhinderte dies aber (von Odenwald 2016, S. 57).

Multikulti oder auch kulturelle Vielfalt, dies sind heute Synonyme für eine Kulturvermischung mit Menschen aus außereuropäischen Staaten, Völkern oder Nationalitäten.

Beispiel Polen: Dort akzeptieren die meisten Staatsbürger eine deutsche Minderheit, gefragt nach Multikulti ballen viele Menschen in Polen die Fäuste und wollen den EU-Beamten an den Kragen. Andererseits erzählen sie mit Tränen in den Augen die Geschichten ihrer Vorfahren, die sich in verschiedenen Sprachen unterhielten und sicherlich ganz unterschiedliche Antworten auf die Frage ihrer nationalen Identität gegeben hätten. „Und wenn sie überhaupt gewusst hätten, was wir mit nationaler Identität eigentlich meinen." (Strasburger 2017, S. 12).

Beispiel Slowenien: Dort gibt es eine deutsche Minderheit, die ihre Kultur und Identität nur sehr eingeschränkt leben darf.

Was müsste geschehen, damit die Volksgruppenrechte der Deutschen in Slowenien geachtet werden, so lautet die Frage an Andrej Ajdic, den Obmann des deutschen Kulturvereins in Cilli an der Sann: „Zuerst sollte es in Slowenien zu einer wesentlichen Änderung der politischen Strukturen kommen. In allen politischen Parteien Sloweniens ist immer noch der allkommunistische Geruch zu spüren. Auch die so genannten neuen Gesichter in der slowenischen Politik sind nichts anderes als die Marionetten der Altkommunisten und ihrer Seilschaften, die über sie noch weiter erfolgreich herrschen. Aushalten und nicht aufheben – heißt die Devise (Ajdic 2016, S. 15). Andrej Ajdic ist sich sicher, dass man mit Altkommunisten keine Minderheitenrechte für Deutsche in Slowenien aushandeln kann. Kann er sich da so sicher sein? Hätten Egon Bahr und Willy Brandt nicht spiegelverkehrt gedacht, den deutsch-polnischen Grundlagenvertrag und auch den zwischen der BRD und der UDSSR hätte es so nicht gegeben. Der „Moskauer Vertrag" wurde am 12.08.1970 ratifiziert, der „Warschauer Vertrag" wurde am 07.12.1970 ratifiziert. Beide Verträge aus der Amtszeit der Bundesregierung Brandt/Scheel sind Leuchtfeuer gelungener politischer Kommunikation.

Beispiel Rumänien: Horst Köhler, der ehemalige Bundespräsident, sagt von sich selbst: „Ja, in meiner Biographie spiegelt sich viel deutsche Geschichte wider." (Kotzian 2004, S. 12). Köhler stammt aus Bessarabien. Aber, wer weiß heute noch, wo Bessarabien liegt? Es gibt keinen Staat Bessarabien, dafür aber einen mit dem Namen Moldau, der aber wiederum größtenteils auf dem Gebiet Bessarabiens liegt. Unter Bessarabien versteht man jene, mehrheitlich von Rumänen bewohnte Zwischenstromlandschaft zwischen den Flüssen Pruth und Denjestr. Horst Köhler entstammt einer Familie mit bewegter Vergangenheit, die man nur versteht, wenn man Staatsangehörigkeit und Volkszugehörigkeit nicht verwechselt (ebenda).

Dies gilt ebenso für die Landler im heute rumänischen Siebenbürgen.

Das Deutsche, d.h. die deutsche Kultur in Rumänien, verschwindet langsam. „Jetzt, da die Zwänge des Kommunismus beseitigt sind, da löst sich eine alte deutsche Kultur in Siebenbürgen auf. Nämlich eine Kultur, die von Menschen getragen wurde, die viel zu erleiden hatten. Zu ihnen gehören die Landler, die mit Gewalt aus Österreich vertrieben wurden, aber auch jene Siebenbürger Deutschen, die nach dem Krieg in russische Gefangenschaft gerieten." (Girtler 1998, S. 69).

Das Leben als deutscher Volkszugehöriger ist ein Leben in einem geographischen Zwischenraum. Für die Betroffenen geht es heute darum, mit kulturellen und politischen Begrenzungen durch eine Mehrheitsgesellschaft zu leben, sich dadurch im Ausleben der eigenen Identität aber so wenig wie möglich begrenzen zu lassen.

Ein Vorbild für andere europäische Staaten könnte die Schweiz sein, als europäischer Staat mit gelebtem Ethnopluralismus. Jedenfalls teile ich die Meinung von Fabian Molina, dem Präsidenten der Schweizer Jungsozialisten nicht, der sagt. „Nie hat die Schweiz alles Fremde so sehr abgelehnt wie heute." (Molina 2015, S. 1). Ethnopluralismus heißt nichts anderes, als dass Völker oder Ethnien in einer Vielzahl da sind, was zur Folge hat, dass das Existenz- und Verteidigungsrecht der betreffenden Gemeinschaften anerkannt bleibt (Weißmann 2017, S. 15). Besonders auch in Siebenbürgen wäre das Modell des Ethnopluralismus wünschenswert. Im Moment funktioniert das Zusammenleben der Völker dort noch nicht perfekt. Laszlo Hollo aus dem ostsiebenbürgischen Szeklerland – Heimat einer ungarischen Volksgruppe mit historischen Privilegien und eigenem Brauchtum wünscht sich Autonomie für das Szeklerland und ein förderales Rumänien. „Die Rumänen vernachlässigen Siebenbürgen absichtlich. Diese lächerliche Autobahn endet schon nach 50 km und es gibt nicht einmal eine Ausfahrt zur Hauptstadt Siebenbürgens." Für Hollo spielt seine ungarische Abstammung eine große Rolle. Nur die ungarische Staatsbürgerschaft, die Auslandsungarn seit 2010 auf Initiative von Viktor Orbans Fidesz-Partei bekommen können, hat Hollo nicht beantragt: „Meine ungarische Identität ist so fest in mir verwurzelt, dass ich kein Stück Papier dafür brauche." (Strauch 2017, S, 3).

Eine Suche nach innovativen Zugängen zur Sicherung der Zukunftsfähigkeit der EU verfolgt das Ziel, einen Neuanfang der EU zu ermöglichen. Mehr politische Handlungskraft nach außen und mehr pragmatisches Selbstverständnis nach innen (Udo de Fabio) oder auch die Erkenntnis, dass die Eingrenzung des ständigen Kompetenzzugewinns durch die EU (Dieter Grimm) gescheitert sei (Gehler 2017, S. 6) bietet keinen Lösungsansatz, um die individuelle und kollektive Entfremdung in Europa aufzuheben.

Wo es, wie in Siebenbürgen sogar noch ungelöste geographische und politisch-kulturelle Konflikte gibt, erst recht nicht.

Festzuhalten gilt, wenn es auf die Völker und Ethnien ankommt, nicht aber primär auf die Nationalstaaten, dann gilt es, die jeweilige politische Existenz von den Unterschieden her zu definieren, nicht von den Grenzen. Aber eben auch nicht mittels der vielschichtigen verordneten Grenzenlosigkeit der EU in Brüssel.

Beispiel Russlanddeutsche im Altai-Gebiet: Zur deutschen Minderheit gehören alle, die sich dazu zählen. Der Ethnopluralismus ist eine politische Idee, die auf der Bewahrung der unterschiedlichen Kulturen der Völker in ihren angestammten abzielt.

Der Multikulturalismus ist im Prinzip das Gegenteil des Ethnopluralismus, da dieser – auch als neuer Begriff der kulturellen Vielfalt – die Auflösung der autochthonen Kultur anstrebt, um einen hybriden Menschen zu erschaffen.

Auch die deutsche Minderheit im Altai-Gebiet lebt – zumindest 1995 noch – messbar ihre russlanddeutsche Identität. Insofern spricht auch dieses Beispiel für die Wirksamkeit des Ethnopluralismus. Doch ist keine deutsche Wolgarepublik in Russland wieder gegründet worden. Auch wollen manche Russlanddeutsche in 1995 keine territoriale Einheit mit dem Altai-Gebiet. „Auch diese „Fremden" sind mehrheitlich Deutsche aus der alten deutschen Wolgarepublik." Sie wurden nach Kasachstan und Kirgistan deportiert (Razumovsky 1995, S. 3). Der deutsche Staat will helfen. Diese Hilfe soll sich aber lohnen. „Nicht einmal ein Drittel der Urbevölkerung lebe noch hier, schreibt die Lokalreporterin Olga Bader in der Zeitung „Für Dich", „einer Wochenschrift für Deutsche im Altai" (ebenda). Das Altai-Gebiet ist somit auch ein Beispiel dafür, dass sich seit dem Ende des Kommunismus die deutsche Kultur im Altai-Gebiet langsam auflöst. Waren aber früher die deutschen Heimatvertriebenen nach dem zweiten Weltkrieg nicht genauso fremd in ihrer neuen Umgebung, wie es heute allzu oft noch die Russlanddeutschen sind?

Die deutsche Minderheit als quantitatives Phänomen im heutigen Europa

Der Schutz nationaler Minderheiten ist keine Selbstverständlichkeit. Ein entsprechendes Rahmenübereinkommen des Europarates und die Europäische Charta der Regional- und Minderheitensprachen sind erst seit 1998 in Kraft. Sie garantieren den Angehörigen nationaler Minderheiten zumindest einige grundlegende Rechte, die für ihren Erhalt und ihre politische und soziale Teilhabe unabdingbar sind – etwa das Recht auf eine eigenständige Identität und den Gebrauch der eigenen Sprache (Piepenbrink 2017, S. 3).

Mehr als 20 nach dem Abschluss des Rahmenabkommens zum Schutz nationaler Minderheiten mangelt es an der innerstaatlichen Befolgung in Europa.

Die deutsche Minderheit in Ostmitteleuropa anhand von einer jeweiligen Volkszählung in den Jahren 2001 – 2002:

Polen:	152.900 Deutsche
Litauen:	3.200 Deutsche
Lettland:	3.696 Deutsche
Estland:	1.900 Deutsche
Tschechien:	39.106 Deutsche
Slowakei:	5.405 Deutsche
Slowenien:	680 Deutsche

Ungarn: 62.233 Deutsche
(Minderheitenorganisationen schätzen ihre
Zahl jedoch auf mindestens 220.000)
Rumänien: 59.764 Deutsche
(Leiserowitz (HG) 2008, S. 35 – 184).

Es sollte darum gehen, Nationalstaaten grundsätzlich ebenso als kulturell reiche, vielfarbige Land-
schaften mit funktionierenden Nachbarschaften zu
verstehen. Wenn eine ethnische Nachbarschaft
funktioniert, dann hängt das Glück dieser Menschen daran, woher sie kommen. Es kann hier nicht
diskutiert werden, ob es in den Jahren 1949 – 2017
eine Rückwanderung deutscher Heimatvertriebener
in ihre deutschen Siedlungsgebiete gibt. Die Zahl
dürfte aber verschwindend gering sein. Die Vertriebenenverbände propagieren mit dem Slogan:
„Nicht auswandern – rückwandern" – so auf dem
Tag der Heimat im Oktober 1949, dass möglichst
viele in ihre Heimat zurückkehren (Sternberg 2012,
S. 31).

Mensch weg, Problem weg

Andreas Selmeti, vormaliger Stellvertretender Leiter der Menschenrechtsarbeit bei der Gesellschaft für bedrohte Völker Deutschland, äußert sich zum Phänomen der Vertreibung. „Das 20. Jahrhundert gilt als das Jahrhundert der Vertreibungen. Doch bis heute fehlt es an wirksamen Mechanismen der Friedenssicherung. Vertreibung hat viele Gesichter. Sie kann in allen Arten angedrohter oder ausgeübter Gewalt bestehen, aber auch in bürokratischen Akten wie Ausweisung, Aberkennung der Staatsbürgerschaft und Enteignung. Vertreibung bringt unsägliches Leid über ganze Völker. Den einzelnen beraubt sie seines Besitzes, seiner Existenzgrundlagen, seiner Lebenswelt, der Menschen, die ihn umgeben. Viele tragen dieses Trauma für immer mit sich, oft hat Vertreibung die Saat für blutige Vergeltung gelegt." (Selmeci 1999, S. 20).

Die schärfste Form der Vertreibung ist die Verbannung vom menschlichen Leben, der Moral. Anbei ein Beispiel hierfür: 1936 war in der UdSSR eine neue Verfassung verabschiedet worden, nach sowjetischer Eigendarstellung, „die demokratischste der Welt". In dem seinerzeit populären Lied: „Weit ist mein Heimatland" heißt es: „Ich kenne kein anderes Land, in dem der Mensch so frei atmet".

Wenig später, 1937, änderte sich alles. Vor 80 Jahren begann die Sowjetunion mit dem NKWD-Befehl Nr. 00447 Massenaktionen gegen die eigene Bevölkerung. Über die Operation ehemaliger Kolaken, Krimineller und „sonstige Antisowjetschiki" sollten erschossen werden. Es wurden bis hinunter auf Kreisebene Quoten von Volksfeinden vorgegeben. 75.000 Menschen der Kategorie I sollten erschossen werden. 19.300 „Elemente" der Kategorie II seien zu 8 bis 10 Jahren Lagerhaft zu verurteilen. Ab Frühjahr 1938 wurden die Aktionen zurückgefahren. Ende 1938 wurden sie offiziell eingestellt (Lauterbach 2017, S. 15).

Jede Vertreibung ist gemäß der Entschließung der Menschenrechtskommission der Vereinten Nationen vom 17.04.1998 ein rechtswidriger Bevölkerungstransfer (Semeci 1999 (2), S. 22).

Nach dem Mikrozensus von 2015 leben in Deutschland 13013000 Menschen mit einem Migrationshintergrund aus dem Gebiet der Ex-UdSSR, davon 2.370.000 mit eigener Migrationserfahrung. Seit 1990 fanden auch rund 215.000 Juden oder Menschen mit jüdischer Abstammung Aufnahme in der BRD (Panogiotidis 2017, S. 24 – 25). Ist ein Auslandsdeutscher da zu Hause, wo seine identitären Wurzeln sind oder da, wo die Deutschen eine Mehrheitsgesellschaft mit immer weniger

Identität bilden? Es mag sein, dass mancher Russlanddeutsche, der ab 1990 nach Deutschland zugewandert ist, seine Entscheidung heute so nicht nochmals treffen würde.

Der Politikwissenschaftlicher Richard Stöss vertritt 1980 die These, dass die deutschen Heimatvertriebenen „einen bürgerlichen Interklassenkonsens am ehesten in der Lage zu stören waren und durch ihre besondere Lebenslage einen ausgezeichneten Boden für antidemokratisches Denken und Handeln darstellen." (Stöss 1980, S. 46). Für die deutschen Aussiedler aus Osteuropa gilt das Jahrzehnte später nicht. Jannis Pannagiotidis, Juniorprofessor für Migration und Integration der Russlanddeutschen am Institut für Migrationsforschung der Universität Osnabrück, zitiert aus dem Policybrief des Sachverständigenrat deutscher Stiftungen Nr. 5/2016 die Parteienpräferenz Russlanddeutscher und kommt zu folgendem Ergebnis: CDU/CSU 45,2 %, SPD 25,6 %, Linke 11,5 %, Grüne 8,2 % und AfD 4,7 %. Auffallend sind die hohen Zustimmungsraten unter Russlanddeutschen zur CDU/CSU (Panagiotidis 2017, S. 29).

Das Ressentiment gegen deutsche Heimatvertriebene und Russlanddeutsche in der Bundesrepublik

Nach dem zweiten Weltkrieg kam die Vertreibung, bereits während des zweiten Weltkrieges erfolgte die Flucht großer Teile der deutschen Bevölkerung aus ihrer Heimat. Ab den 1950er Jahren wandern deutsche Aussiedler zu. Wer seine Heimat verlässt, der behält im Normalfall seine Identität, denn Identität hat auch eine körperliche Dimension. Das aufgehobene Land, die bisherige Örtlichkeit, die unterschiedlichen regionalen Steine, auf denen man in der Heimat baute.

Für dieses Unverständnis der differierenden Identität hat die Soziologie den Begriff Ressentiment für Menschen erdacht, die in gepflegter Abneigung zu Anderen leben. Der Mannheimer Soziologe Neckel spricht von Statuspanik, von der die bürgerlichen Mittelschichten getrieben sind, um nicht selber in prekäre Lebensverhältnisse zu geraten.

Das Ressentiment ist kein stabiles System von Bewertungen. Hat die Entladung eines negativen Gefühls stattgefunden oder ist ein Konflikt gelöst worden, fällt das Ressentiment in sich zusammen. Das Ressentimentgefühl ist demnach ein temporärer Zustand. Das Ressentiment beruht meist auf eigenen Erkenntnissen, welche ein tiefes negatives Gefühl erzeugen. Dieses negative Gefühl ist eine Art innerer Unruhe eines Leidens, das nach Erlösung strebt. Für den Soziologen Park gibt es fünf verschiedene Ressentimenttypen. Diese sind Ressentiment der Qual, der Rache, des Neides, des Hasses und der Vergaffung. Park konstatiert "Ohne das Ressentiment aufzulösen, gibt es keine zwischenmenschliche Beziehung, keine friedliche Nachbarschaft, ja überhaupt keine positiv sittliche Intersubjektivität." (Park 1998, S. 7).

Sternberg weist auf das staatliche Ressentiment gegen Volksdeutsche aus Südosteuropa hin. Man sprach von mangelnder Integrationsfähigkeit der Volksdeutschen Ost- und Südosteuropas (vgl. Sternberg 2012, S. 31) kurz nach Kriegsende.

Die Parteien CDU/CSU, SPD und die "Heimatlosen"

Im Jahr 1949 tritt die SPD mit dem Wahlslogan "Heimatlose! Für Eure Rechte kämpft die SPD" an. Der ehemalige bayerische SPD-Landesvorsitzende und Europaabgeordnete, Volkmar Gabert, der 1923 in Teplitz-Schönau im Sudetenland geboren wurde, sagt 1999 in einem Interview mit "Wir Selbst": "Ich glaube, dass die Parteien damals mit Erfolg versucht haben, die Belange der Vertriebenen angemessen zu berücksichtigen." (Gabert 1999, S. 77). Sehen dies auch die deutschen Vertriebenen so?

Die deutschen Heimatvertriebenen sind seit 1957 im Bund der Vertriebenen (BdV) organisiert. Die SPD stellte mit dem Sudeten Wenzel Jacksch und dem Ostpreußen Reinhold Rehs den Präsidenten des BdV. Jacksch war von 1964 – 1966 und Reinhold Rehs übt dieses Amt von 1967 – 1970 aus (Müller 2012, S. 545).

Während Wenzel Jacksch in 1960 noch zum Wahlkampfteam Willy Brands gehört, beklagen die deutschen Heimatlosen mit SPD-Parteibuch die Interessenlosigkeit der SPD in 1970 an deren Blickwinkel. Der Sozialdemokrat Ernst Paul sagt beispielsweise: "Wir hören von Gesprächen mit Prag und niemand fragt uns – unsere Geschichte wird falsch dargestellt – wir haben Schwierigkeiten, das zu korrigieren – man denkt dabei scheinbar nicht an uns." (ebenda, S 449). Mit der Bundeskanzlerschaft von Helmut Schmidt schritt die Entfremdung zwischen den Vorstellungen der deutschen Heimatlosen und der SPD voran.

Ursache mag sein, dass Helmut Schmidt und Wenzel Jacksch in 1966 im Auswärtigen Ausschuss der SPD schwer aneinandergerieten. "Opferrhetorik" und "Vorbote des Totalverzichts" waren die Konfliktpunkte. "Entgegen der Lesart der Vertriebenenverbände vertrat der SPD-Vertriebenenausschuss hingegen die Auffassung, dass sich aus dem Dortmunder Parteitagsbeschluss von 1966 keine Preisgabe von Rechtsansprüchen herauslesen lasse." (ebenda, S. 544).

Die soziologische Konfliktforschung möchte heute durch interaktives Aushandeln auf Augenhöhe gesellschaftliche Konflikte befrieden. Dieses Aushandeln auf Augenhöhe scheitert aber oft, nicht zuletzt, weil gesellschaftliche Institutionen nicht darauf eingestellt sind.

War denn wirklich mehr möglich, als die Bundesregierung Brand/Scheel mittels ihrer "neuen Ostpolitik" ermöglichte?

Wichtige deutsche Vertriebenenpolitiker mit CDU-Parteibuch waren ab den 1970er Jahren des zwanzigsten Jahrhunderts Herbert Czaja, Herbert Hupka, Erika Steinbach und ist es bis August 2017 Heinrich Zertik, der als damals einziger Bundestagsabgeordneter die Interessen Russlanddeutscher als selbst unmittelbar Betroffener im deutschen Bundestag vertritt, aber auch die Interessen der deutschen Minderheit in Osteuropa und der Welt in seiner politischen Arbeit berücksichtigt. Nachfolgend wird auf zwei ehemalige CDU-Politiker eingegangen, deren die Anliegen deutscher Heimatvertriebener am Herzen liegen: August Haußleiter und Linus Kather.

Der im Jahr 1905 in Franken geborene August Haußleiter war in der Vorkriegszeit Mitglied der rechtsliberalen DVP Stresemanns. Haußleiter war Anhänger des konservativen "Tat"-Kreises, der anstelle von Gleichheit für innere Wertigkeit und anstelle von sozialer Gesinnung für den gerechten Einbau in eine gestufte Gesellschaft eintritt (vgl. Stöss 1980, S. 65).

August Haußleiter will die Lösung der deutschen Frage, indem er Westdeutschland aus dem westlichen und europäischen Bündnis herauslösen will. "Es geht um die Vision eines Systems von drei gleichstarken Faktoren, nämlich: Europa, Amerika und Russland. Wir müssen Deutschland in eine europäische Friedensplanung zu einem Block der Mitte zwischen Ost und West bringen." Mit einer derartigen deutschen Neutralisierungsplanung setzte sich Haußleiter ab von der Zielvorstellung einer militärischen und politischen Westbindungsidee der CDU/CSU, der sich dann auch die CSU anschloß (ebenda, S. 69).

August Haußleiter verließ daraufhin mit Gleichgesinnten die Partei Christlich Soziale Union (CSU) und gründete die Partei Deutsche Gemeinschaft (DG). Der Politikwissenschaftler Stoss befragt dazu August Haußleiter, der ihm am 20.01.1976 sagt, dass mit der Gründung der DU das Ziel verfolgt wurde, "das gesamte Oppositionspotenzial gegen die Weimarer Parteien" zusammenzuführen. Dies scheint mir auch die Kernidee im späteren politischen Wirken August Haußleiters als Vorsitzender der Partei Aktionsgemeinschaft Unabhängiger Deutscher (AUD) und als einer der Vorstandssprecher der Grünen in 1980 zu sein.

Letztlich ist Haußleiter politisch gescheitert, es scheint mir auch nichts übriggeblieben außer der Tatsache, dass Haußleiter für die nun heimatlosen Vertriebenen im weltpolitischen Rahmen etwas bewegen wollte, was scheitern musste.

Der Soziologe Dieter Prokop vertritt die Position, dass nur Recht und Gesetz das einigende Band aller Menschen sein kann. Die Maxime der Gleichheit aller kann die Unterschiede unter den Menschen nicht abschaffen (Prokop 2017, S. 6). Diese Überzeugung ist nicht der Haußleiters ähnlich, der für innere Wertigkeit anstelle von Gleichheit und den gerechten Einbau in eine gestufte Gesellschaft eintritt.

Der Ostpreuße Linus Kather wird 1884 geboren. Kather wechselte 1954 von der CDU zum BHE. "1969 will der umstrittene Politiker noch einmal in den Bundestag für die nationalkonservative NPD", wie „Der Spiegel" 1983 schreibt („Der Spiegel" Nr. 18, 1983). Der Soziologe Claus Offe weist in einem Interview im September 2017 in der Süddeutschen Zeitung darauf hin, dass es das Postulat der "gleichen Freiheit" gibt und auch "das Gefühl der Ohnmacht gegenüber dem eigenen Leben" (Offe 2017, S. 10). Beide Emotionen beschreiben auch das Schicksal oder auch die gefühlte Lebenserfahrung vieler deutscher Heimatvertriebener. Der Glaube an die Illusion durfte auch die entscheidende politische Triebfeder des Politikers Linus Kather gewesen sein. So begründet Kather im Jahr 1954 seinen Übertritt von der CDU/CSU Bundestagsfraktion damit, "dass das politische Gewicht der Vertriebenen nach der Bundestagswahl nicht mehr genügend respektiert sei" und damit, dass "die CDU das Vertriebenenproblem weder im Bereich der Innen- noch in der Außenpolitik mit entsprechendem Einsatz zu lösen versucht habe." (Mann 2011, S. 50 – 51).

Der Block der Heimatvertriebenen und Entrechteten (BHE)

SPD-Vorsitzender Kurt Schumacher hat am Vorabend der Bundestagswahl 1949 gesagt, dass die SPD "im Kampf um das Lebensrecht der Vertriebenen und Flüchtlinge im Westen und um ihr Heimatrecht im Osten in vorderster Front" kämpft (Mann 2011, S. 87).

Ob es daran liegt, dass die SPD den deutschen Heimatvertriebenen ihr Alleinstellungsmerkmal streitig macht und 1962 beschließt, ein neues Flüchtlingsgesetz auf den Weg zu bringen, durch das den Sowjetzonenflüchtlingen künftig der gleiche Status wie deutschen Heimatvertriebenen gewährt werden soll, jedenfalls bleibt die SPD nach dem Zweiten Weltkrieg nicht der erste politische Ansprechpartner der deutschen Heimatvertriebenen. Dieses Feld räumt die CDU ab, seitdem der Block der Heimatvertriebenen und Entrechteten (BHE) ab 1957 immer mehr in der politischen Bedeutungslosigkeit verschwindet.

Von den Vertriebenen selbst wird ihr sozialer Abstieg oft als Proletarisierung empfunden, was durch die soziale Diskriminierung durch die Einheimischen nur verstärkt wurde. Aus dieser Erfahrung bildete sich aber zunächst ein schichtübergreifendes

Gruppenbewusstsein, das zunächst zur Gründung des BHE führt (Neumann 1968, S. 10 – 11). "Aus Furcht vor dem vermeintlichen politischen Unruhefaktor, den die zehn Millionen Vertriebenen in den westlichen Besatzungszonen darstellt, untersagen die Besatzungsmächte zunächst dieser Bevölkerungsgruppe die politische Organisation (Stöss 1984, S. 2459).

Einig sind sich vor allem CDU/CSU und SPD in der Sorge, "dass die Enttäuschung der Heimatlosen jeder Art sich in dem Radikalismus einer neuen Partei der Vertriebenen Luft machen könnte" („Der Spiegel" 1948, S. 20).

Der BHE sitzt nur im zweiten deutschen Bundestag in der Legislaturperiode von 1953 bis 1957. Bereits nach dem Einzug des BHE in den Bundestag wird deutlich, dass es innerhalb des BHE verschiedene politische Konzeptionen gibt. Der niedersächsische BHE-Landesvorsitzende ist beispielsweise nicht bereit, in Niedersachsen die Regierungskoalition mit der SPD aufzukündigen, um damit dem Bundesvorsitzenden Kraft zu helfen, die Ratifizierung der Westverträge im Bundesrat zu sichern (Neumann 1968, S. 103). 1962 endet die letzte SPD/BHE-Koalition in Hessen.

Status und Scham

Menschen gehen oftmals keine Beziehung ein zwischen ihres eigentlich biologisch Gleichen. Somit entsteht auch keine soziale Bindung in einer Gemeinschaft.

Dies gilt auch für Deutsche, die in den Nachkriegsjahren zunächst in der Volksrepublik Polen geblieben sind. Deutsche schämen sich oftmals, noch da zu sein. "Jeder, der sich schämt, verliert an Macht. Wenn Macht zu haben aber zum Wert an sich wird, und Überlegenheit eine Norm, die durch Scham unterboten wird, steigert sich Beschämung zur absoluten Macht- und Wertlosigkeit." (Neckel 1991, S. 179).

Im Jahr 1957 wird die Zahl der, wie das Ostpreußenblatt im Januar 1957 schreibt, "Aussiedler aus den polnisch besetzten deutschen Ostgebieten für das Jahr 1957 auf 16500 festgelegt. Wenn das bisherige Tempo beibehalten wird, dürfte die für 1957 vorgesehene Zahl von 16500 Aussiedlern bereits im Frühjahr erreicht sein" (Koper 1957, S 1). Nicht verwunderlich, dass so viele Deutsche ausreisen wollen in 1957, denn "die Deutschen werden in Ostpreußen wie weiße Neger behandelt". Die Folge sei, dass sich die Autochthonen zur Umsiedlung nach Westdeutschland meldeten. Die polnische

Zeitung "Blos Olstynski" (Allensteiner Wort) schließt den Bericht über die Verfolgung der Deutschen im ehemaligen Ostpreußen mit einer Zeugenaussage eines polnischen Neusiedlers, der angesichts der herabsetzenden Behandlung der Deutschen geäußert hat: "Ich muss mich für viele schämen, die ebenso wie ich hierher gekommen sind. Wir sollten nichts tun, was auf unseren Gesichtern die Röte der Scham hervorrufen könnte." (Kokies 1957, S. 3)

Die deutsche Minderheit in Polen fühlt ihre Unterlegenheit und schämt sich, die Macht zu haben wird der Wert an sich und Überlegenheit eine Norm, die durch die Scham der Deutschen unterbrochen wird.

Über- und Unterlegenheit sind Formen einer sozialen Beziehung, die oftmals das Verhältnis von Volksgruppen beeinflussen. Hinter der Fassade der Souveränität lauert oftmals das Ressentiment des Hasses, deren Ursache wiederum die Angst vor eigener sozialer Degradierung ist, denn menschliche Gefühle bedingen einander in Wechselwirkung. Im ehemaligen Ostpreußen gibt es noch ein politisches Ressentiment gegen die deutsche Minderheit aufgrund der Korrektur des Kommunalwahlrechts in der Republik Polen, jedenfalls sehen das die Deutschen in Polen so. Es geht darum, dass es zukünftig in Gemeinden mit weniger als 20.000 Einwohnern Ein-Mandat-Wahlbezirke geben soll. "Diese Regierung beeinträchtigt unmittelbar die deutsche Minderheit." (Wagner 2017, S. 14). Ende November 2017 hat die polnische Regierung Änderungsvorschläge zur Arbeitsweise der Kommunalverwaltungen beschlossen. Schränkt eine Regierung die Statusrechte der deutschen Minderheiten, so wird der Status der Bevölkerungsgruppe abgewertet, "denn es werden nun politische Parteien, nicht Einzelkandidaten bevorzugt, das ist ein Grund zur Besorgnis", so Richard Golla im Wochenblatt der deutschen Minderheit in Polen (Wagner 2017, S. 14). Man stelle sich vor, in Polen würde es heute ein Institut analog des Bielefelder Instituts für Konflikt- und Gewaltforschung (IKG) geben, dass die "Abwertung und Ausgrenzung schwacher Gruppen erforscht" (Michel 2017, S. 6). Die deutsche Minderheit in Polen dürfte von den Forschungsergebnissen profitieren.

Sprache als Merkmal kultureller Identität deutscher Heimatvertriebener

"Menschen können Wissen von Generation zu Generation weitergeben, und zwar nicht nur anhand ganz konkreter Fälle hier und jetzt, sondern vor allem mittels Symbolen, die an einen ganz bestimmten Zeitpunkt gebunden sein können, aber nicht müssen. Sprachen ermöglichen es Menschen, Wissen von einer Generation an die andere weiterzugeben, und damit wird Wissenswachstum möglich." (Elias 2001, S. 53)

Auch ein Dialekt, der von Generation zu Generation weitergegeben wird, ist ein Merkmal kultureller Identität.

Erhard Riemann beschäftigt sich mit der Verdrängung der ostpreußischen Mundarten durch das Hochdeutsche.

Durch die Zerstreuung der ostpreußischen Bevölkerung und ihre Eingliederung in andere Landesteile ist ein allmähliches Absterben der ostpreußischen Mundart zu befürchten (Riemann 1957, S. 3). Heute weiß kaum noch jemand, dass es regional verschiedene ostpreußische Mundarten gab. Riemann stellt bereits 1957 außerdem bundesweit "ein Ringen zwischen den Mundarten und dem Hochdeutschen" fest (ebenda).

Man könnte somit von einem Verlust des sprach-lich-kulturellen Gleichgewichts sprechen, denn erst mit Hilfe der Ausdifferenzierung einer Sprache ist überhaupt die komplexe Struktur der deutschen Gesellschaft entstanden.

"Versuche, die sozialen Lebenswelten der Men-schen zu erfassen, kamen früher mit vier Milieuty-pen aus. Sie entstanden im Kaiserreich und hinter-ließen ihre Spuren in der Nachkriegszeit der Bun-desrepublik: Sozialdemokratische Arbeiterschaft, katholisches Milieu, protestantisch-liberales Mi-lieu, agraischer Konservatismus" (Neckel 1995, S. 12). Meine Hypothese ist es nun, zu behaupten, dass diese von Neckel aufgezählten Milieutypen für die Nachkriegszeit nicht mehr ausreichen. Es fehlt das Milieu der deutschen Heimatvertriebenen, das sich in viele kleinere Milieus aufspaltet, deren konstitutives Merkmal die Sprache, d.h. der Dialekt ist, welcher in der Herkunftsregion gesprochen wurde.

Das Erlebte erinnern

Oberbürgermeister Frank Dudda der Stadt Herne sagt im Geleitwort des Ortelsburger Heimatboten für das Jahr 2017: "Nur sind Erinnerungen an das eigene Erleben gebunden. Sie sind in dieser emotionalen Form nicht an die jüngeren Generationen übertragbar. Sie werden heute auch für jene Menschen gemacht, die keine unmittelbare Beziehung mehr zum damaligen Geschehen haben." (Dudda 2017, S. 9)

Das Erlebte erinnern, das will dieses Buch. Durch die Befragung von deutschen Heimatvertriebenen soll dem Leser die Emotion der Lebenswelt von deutschen Neubürgern in der Bundesrepublik vermittelt werden. Die Leitfrage meiner Interviews lautet: "Neue Heimat Bundesrepublik oder ein Leben lang fremd hier." Ein Gefühl von Fremdheit und Verlorenheit gibt ein Bericht eines Ostpreußen, der im Ortelsburger Heimatboten eine Art Lebensrückschau hält: "Irgendwann sagte mein Vater: „Wenn wir sterben, bleibst Du alleine." Wir werden noch heute von manchen Menschen, denen Geschichte ein Fremdwort ist, als Polen angesehen, in Polen war es genau umgekehrt." (Rogalski 2017, S. 110) Menschen sollen, so sie wollen, ihre Geschichte erzählen, ihre Geschichte der Fremdheit in der Bundesrepublik.

"Narrativ hieß einmal, als bescheidenes deutsches Adjektiv, erzählend. Mehr will der Duden auch bis heute nicht gelten lassen." Nun gibt es sogar ein Museum für narrative Kunst. "Wenn George Lucas nun ein Riesenmuseum für „narrative Art" gründet, führt er das Problem gewissermaßen dorthin zurück, wo es herkommt, nämlich zur Kunst des Erzählens." (Knietze 2017, S. 17)

Nachfolgend geht es darum, aus dem Erzählten soziales Handeln abzuleiten, dieses deutend zu verstehen und so Handlungsphänomene aufzudecken, die dem Leser ein Gefühl für die Lebenswelt der deutschen Aussiedler und Heimatvertriebenen vermitteln sollen.

"Die formalen Voraussetzungen der wissenschaftlichen Hermeneutik bestehen vor allem darin, dass zu interpretierende Erlebnisse wieder abgerufen werden, der Nachteil darin, dass eine idealisierende Herausarbeitung des Typischen rekonstruiert wird (Soeffner 1988, S. 102 – 103). Das Grundproblem der Soziologie ist die Frage nach dem Zusammenhalt der gegebenen Gesellschaft, nach der Art, dem Ausmaß und den Beeinflussungsfaktoren der sozialen Integration. Es scheint, dass deutsche Heimatvertriebene weder früher mit dem Zusammenhalt zufrieden waren noch es heute sind.

Ob deutsche Heimatvertriebene deshalb eine Randgruppe darstellten oder sogar noch darstellen, das kann dieses Buch nicht abschließend klären. Den Zusammenhalt in der Gesellschaft mindert aber das Desinteresse am Narrativ.

Die russlanddeutsche Seite der Alternative für Deutschland (AfD)

Unbestreitbar nutzen viele Bürger aus den Staaten der ehemaligen UdSSR seit dem Ende der 1980er Jahre die Möglichkeit zur Ausreise in die Bundesrepublik.

Ursache dürfte ein über die Jahrzehnte konserviertes Gefühl zur Idee des Sowjetmenschen sein. Auf der anderen Seite tragen Menschen, die einmal in der UdSSR gelebt haben, oftmals eine russische Seele in sich, was bedeutet, dass ihnen heute zumindest unbelastete politische Beziehungen zwischen Deutschland und Russland wichtig sind.

Die AfD greift in der Bundestagswahl im September 2017 diese politische Stimmung auf und gründet das bundesweite Netzwerk der Russlanddeutschen in der AfD, um viele der vier Millionen Russlanddeutschen für sich zu gewinnen. Außerdem veranstaltet die AfD Sachsen-Anhalts am 11. August 2017 in Magdeburg einen "Russland Kongress". Thema ist die Sorge dieser deutschen Staatsbürger vor der Einmischung einer fremden Großmacht in die deutsche Politik. Gemeint sind damit die USA. Vielen Russlanddeutschen gilt die CDU heute auch als Partei der lukrativen Geschäfte, von der eine Elite profitiert, welche das Versprechen einer russlanddeutschen CDU-Identität zumindest nicht dauerhaft entflammt halten konnte. Das Talent einer Bundeskanzlerin Merkel besteht darin, ihren innerparteilichen Gegnern mittels kleinster Zugeständnisse den Wind aus den Segeln zu nehmen (vgl. Mohren 2017, S. 2). Manchen Russlanddeutschen reicht das nun nicht mehr. Es genügt ihnen nicht, dass die Bundeskanzlerin eine jährliche Zuwanderungsobergrenze festlegt, nachdem das Thema Migration vorher aus dem CDU-Wahlkampf herausgehalten werden sollte.

Auch die SPD macht den Russlanddeutschen im Bundestagswahlkampf 2017 kein überzeugendes Angebot. Ein Angebot wäre etwa ein SPD-Wahlplakat wie das von 1957 mit dem Slogan: "Fort mit der Wehrpflicht – Raus aus der NATO – Schluss mit der Profit-Preis-Spirale" gewesen (Bannas 2017, S. 3).

Nun erreicht die AfD 13 % der Zweitstimmen bei den Wahlen zum deutschen Bundestag am 24. September 2017. "Noch wenige Tage vor der Wahl feiert CSU-Vorsitzender Horst Seehofer den perfekten Wahlkampf seiner Partei. Hatte die CSU den Kontakt zur Wirklichkeit verloren?" (Schäffer 2017, S. 3)

Das Leben am unteren Rand in der Bundesrepublik ist oftmals urban.

Im Wahlkreis Lippe II in NRW holt die AfD am 24. September im Detmolder Stadtteil Herberhausen 32 %. In diesem Stadtteil leben mehrheitlich Russlanddeutsche. Detmolds Bürgermeister Rainer Heller sagt dazu: "Wir müssen diese Parolen entlarven." (Seving 2017, S. 30). AfD-Spitzenkandidat Martin A. Renner aus NRW möchte "dem Bürger wieder eine Stimme geben" (Renner 2017, S. 40).

Es würde helfen, wenn man Willy Brandts Idee von Demokratie als "Habitat des guten Lebens" (Hütt 2017, S. N3) als lebensweltliche Realität für Russlanddeutsche stärker als bisher erfahrbar machen könnte.

Lippische Landeszeitung Nr. 239 vom 15.10.2017

Herberhausen stört erst seit AfD-Erfolg

Zum Interview "Wir müssen die Parolen entlarven" auf der Sonderseite zum Wahlerfolg der AfD in Herberhausen, LZ vom 30. September.

Es scheint so zu sein, dass die Existenz des sozialen Brennpunktes Detmold-Herberhausen die Kommunalpolitik erst so richtig stört, seit dort die AfD am 24. September mehr als 30 Prozent der Stimmen geholt hat.

Als dort noch, bei kontinuierlich niedrigerer Wahlbeteiligung, die CDU regelmäßig den Stadtteil abräumte, wurde die Frage, "ob wir auf die richtige Art und Weise kommunizieren", wie es Bürgermeister Rainer Heller, SPD, im Interview formuliert, jedoch noch nicht gestellt.

Gerade Detmolder Bürger haben die unkompli-zierte Möglichkeit, einmal das örtliche Detmol-der Museum für Russlanddeutsche Kulturge-schichte zu besuchen und sich über Geschichte, Leben und Identität der Russlanddeutschen zu informieren. Ich war im August 2017 dort und sprach am Eingang mit einem 1937 geborenen Mitarbeiter, der 1975 aus Litauen in den Kreis Lippe kam und sich fortan die folgenden 17 Jah-re "gemobbt" fühlte.

Ferner ist es Aufgabe der Detmolder Stadtpolitik, das Sprichwort "Reiche leben, wo sie wollen, Arme, wo sie sollen" nicht wahr werden zu las-sen.

Dr. Frank Wolfram Wagner, Lemgo

Die wahre Bedeutung der Heimat

Jeder Mensch hat das von Gott gegebene Recht, unbehelligt in dem Land zu leben, in das er hineingeboren wurde, und auf diese Weise seinen Lebensplan für diese Verkörperung zu verwirklichen. Ein jeder von uns hat sich die gegenwärtigen Lebensumstände durch das gewählt, was er/sie in einem früheren Erdenleben getan hat. Es ist daher kein Zufall, in welches Land, welche Verhältnisse wir geboren werden. Beide entsprechen exakt unserem Schicksal ("Karma") für dieses Leben und wurden von uns so angenommen, bevor wir uns verkörperten. Sind die Bedingungen einfach und förderlich, können wir davon ausgehen, dass wir in früheren Leben lern- und liebeswillig waren und einiges richtig gemacht haben. Finden wir uns in einem äußerst schwierigen Land und Umfeld wieder, kann man vom Gegenteil ausgehen. So oder so wählen wir für jede Verkörperung das Land und das Schicksal, das wir zur Weiterentwicklung benötigen. Was mit ein Grund für die vielen unterschiedlichen Kulturen und Sprachen ist:

Es soll uns nicht allzu leicht gemacht werden, eben mal einfach so das Land zu wechseln – in der Hoffnung, dem für uns vorgesehenen Schicksal damit ein Schnippchen zu schlagen (Seiler 2016, S. 26).

Vor diesem Hintergrund bekommt das, was einen menschenwürdigen Umgang mit fremdkulturellen Flüchtlingen angeht, zumindest einen ergänzenden Blickwinkel.

Der im Jahr 2017 verstorbene Soziologe Peter L. Berger sagt im Jahr 2002 zum Thema "Soziale Unterschiede auf hohem Niveau", dass "mit der allgemeinen Wohlstandssteigerung und dem Abbau aller Ungleichheitsbarrieren zunehmend neue Milieustrukturen in den Blick geraten" (Berger 2002, S. 24).

Meine These lautet nun, dass die Phase soziologischer und gesellschaftlicher Warmduscherei zunehmend zu Ende geht. Der Blick auf die "alten" durch Beruf, Einkommen und Bildung konturierten Ungleichheiten kehrt zurück. Für mich gehört zu den existenziellen Werten auch das Wissen darüber, woher ein Mensch kommt und durch welche Umstände dieser an seinen Platz gestellt wurde, wo demnach seine Heimat ist. Eine juristische Frage, die hier nicht geklärt werden kann, ist, ob es ein völkerrechtliches Delikt ist, wenn ein Staat eine Politik betreibt, die Staatsbürger dazu antreibt, unfreiwillig zu Flüchtlingen zu werden.

Reinkarnation ist eine Tatsache. Wir kommen daher nur zu einer richtigen Betrachtung des Flüchtlingsproblems, wenn wir dies wissen und akzeptieren.

Deswegen besteht auch keine generelle Bring-schuld für reiche, gut funktionierende Nationen gegenüber armen, zerrütteten Ländern, was nicht heißt, dass wir ihnen nicht helfen oder sie sogar ausbeuten sollen. Alles ist letztlich eine Frage des Bewusstseins. Die persönlichen Lebensumstände ebenso wie die gesellschaftlichen und ökonomischen Verhältnisse in einem Land.

Jede Nation, jedes Volk ist ein besonderer Schulungsraum für die betreffenden Menschen, der genau das Umfeld bietet, das ihnen hilft, jene Lektionen zu lernen, die sie in diesem Leben lernen wollen und sollen.

Wir alle haben alle unterschiedliche Seelenalter, sind auf einer anderen Stufe der Bewusstseinsentwicklung und können nicht in einen Menschen hineinsehen. Richtet nicht, auf dass ihr nicht gerichtet werdet, mahnte Jesus.

Gerade weil wir Menschen alle verschieden sind, was unser Bewusstsein betrifft, sind wir nicht alle am selben Ort glücklich. Das vergessen viele Wirtschaftsflüchtlinge aus armen Ländern. Da sitzen sie dann arbeitslos in Deutschland oder anderswo herum, nennen endlich ein neues Smartphone und vielleicht sogar Designerkleider ihr Eigen. Und dann? Die wenigsten werden glücklich. Ja, selbstverständlich gibt es Beispiele für eine geglückte

Assimilation von Menschen, die sich in die Gesellschaft des Gastlandes integriert haben. Auf den Willen zur Integration kommt es an (vgl. Seiler 2016, S. 17).

Es ist wenig glaubwürdig, wenn der Umweltminister von Schleswig-Holstein, Robert Habeck, Grüne, die Kategorie Heimat für die Grünen besetzen möchte. "Wir müssen uns trauen, über Heimat zu reden. Ich bin dafür, dass wir grüne Begriffe wie Heimat und Deutschland nicht der AfD überlassen. Wir müssen sie mit unseren Geschichten füllen" (Habeck 2017, S. 2). Heimat ist aber kein grüner Befund, dass grüne Heimatpuzzle erscheint außerdem besonders ungeordnet.

Neben der Lebenswelt des Alltags gibt es auch eine Lebenswelt der Erinnerung. Diese ist individuell und hat nichts mit einem politischen Programmpunkt zu tun, den eine Partei mit modernen Geschichten besetzen könnte.

Was in der Nachkriegszeit passiert ist, darauf hat der Soziologe Helmut Schelsky bereits 1965 hingewiesen: "Das Fernsehen schafft eine Fernsehwelt, die ablenkt", ablenkt von den Erinnerungen aus der alten Heimat, "ein erwünschter Effekt bundesdeutscher Nachkriegszeit" (Schelsky 1965, S. 391).

Ob die neue Heimat Bundesrepublik eine fremde Heimat geblieben ist, das ist ausschließlich von den

Gefühlen und Urteilen Einzelner abhängig. Offensichtlich ist aber, dass sich die Heimat der Deutschen verändert. Nicht nur andere Menschen leben heute dort, auch ein Strukturwandel greift. Beispielsweise im Kohlerevier in Ostrau. In Mährisch-Ostrau wird mehr als 150 Jahre lang, von 1838 bis 1993, in der Miene "Hermann" im heutigen Nordosten Tschechiens Steinkohle abgebaut. Dadurch herrscht in dem Landstrich heute die höchste Arbeitslosigkeit in Tschechien. Aber die Hoffnung bleibt: "Unsere Region wird nie ein Silicon Valley sein, aber die Kombination aus industrieller Erfahrung, aus technischer Qualifikation und harter Arbeit macht uns interessant" (Geinitz 2017, S. 21), sagt Gouverneur Vondrak.

Das Schicksal Flucht und Vertreibung

Nachfolgend werden Auszüge aus dem Interview wiedergegeben, das Junge Freiheit Redakteur Moritz Schwarz mit dem Psychologen Dr. Hans Hopf führt, der 1942 in Teplitz-Schönau im Sudetenland geboren wurde.

Dem Interview wird in diesem Buch Resonanz gegeben, da die Antworten von Dr. Hopf die wissenschaftliche Intention bestätigen, die der Autor dieses Buches dem Leser vermitteln möchte. Dr. Hans Hopf sagt:

"Ich bin wirklich ein Opfer der Vertreibung. Ich habe als Kind selbst erlebt, was Armut, Ablehnung und Diskriminierung für ein Kind bedeuten.

Wenn Menschen aber älter werden und das Alltagsgerüst verlieren, die Kinder aus dem Haus und sie in Rente sind, kommt das Verdrängte leicht wieder. Viele davon erkranken dann an Depressionen, der Hauptfolge von Traumata.

Wir Kinder aus dem Lager mussten etwa schon deshalb zusammenstehen, da die Kinder aus dem Dorf uns deutsche Heimatvertriebene regelrecht verachteten. Für sie waren wir Lagerstinker. Das Gefühl von damals, ein „Mensch zweiter Klasse" zu sein, ein „dreckiger Flüchtling", hat mich lange begleitet." (Hopf 2018, S. 3).

Nachruf: Bundesminister Dr. Herbert Ehrenberg a. D. verstorben

Ende Februar 2018 verstarb mit Bundesminister a. D. Dr. Herbert Ehrenberg einer der letzten politisch hochrangigen deutschen Heimatvertriebenen. Nach dem Kriegsdienst und Gefangenschaft verschlug es den 1926 im Kreis Goldap geborenen Sohn eines Landwirts nach Norddeutschland. Dr. Ehrenberg schrieb seine Dissertation zum Thema "Expansive Lohnpolitik – ein Mittel der Einkommensverteilung?" Dr. Ehrenberg wurde Sozialdemokrat und ging dann zur Industriegewerkschaft "Bau, Steine, Erden", wo er als Leiter der volkswirtschaftlichen Abteilung dem späteren Bundesminister Georg Leben, SPD, zuarbeitete.

Dr. Ehrenberg wechselte in 1966 ins Bundeswirtschaftsministerium, wurde 1971 parlamentarischer Staatssekretär und schließlich 1976 Bundesarbeitsminister. Als parlamentarischer Staatssekretär im Bundesarbeitsministerium war Dr. Ehrenberg hauptverantwortlich für den Rehabilitationsansatz im ersten deutschen Schwerbehindertengesetz von 1974.

Dr. Ehrenberg ist exemplarisch für die Gruppe der deutschen Heimatvertriebenen, bei denen Vertriebenenpolitik im Bundestag nicht im Vordergrund steht. Trotzdem steht auch Dr. Ehrenberg für die politische Idee der "patriotischen Mitte", die auf Wenzel Jacksch, SPD, zurückgeht.

Schluss

"Der Charme der polnischen Karpaten liegt in ihrer Abgeschiedenheit. Nicht jeder zivilisatorische Trend findet seinen Weg in diese Bergidylle im Südosten des Landes" (Astheimer 2017, S. 21). Es ist auch politisch eine Gegend, in der die national-katholische Partei PiS (Recht und Gerechtigkeit) eine ihrer politischen Hochburgen hat. Im Spätsommer 2017 lässt der polnische Staatspräsident und PiS-Vorsitzende Jaroslaw Kacynski in einem Gutachten des wissenschaftlichen Dienstes des Sejm prüfen, ob das Land Polen nicht berechtigt sei, weitere Kriegsreparationen einzufordern. Das Ergebnis lautet: "Es ist legitim zu sagen, dass die Republik Polen einen Anspruch auf Entschädigungen von der Bundesrepublik Deutschland hat, und die Behauptung, dass die Ansprüche abgelaufen seien, ist unbegründet." Premierministerin Beata Szydlo sagt dazu: "Polen stehen Reparationen zu, wir sind bereit, diese einzufordern" (FAZ 2017, S. 1).

In einer polnischen Redewendung heißt es: "Polak potrafi" (Der Pole "weiß" oder "kann" es). Ist aber für die deutschen Heimatvertriebenen und Aussiedler das Trauma Flucht, Vertreibung oder die Neuansiedlung in der Bundesrepublik abgeschlossen?

Nur, wer in der Bundesrepublik auch geboren wird, der kann auch seine gefühlte Heimat in der Bundesrepublik finden.

Der Weg der Vertriebenen von ihrer alten Heimat zu einer endgültigen neuen Existenz zeigt verschiedene wichtige Etappen und Gliederungen. Von den Fluchtstraßen, dem Lageraufenthalt, über eine provisorische Hilfe im Bereich der physischen, über Maßnahme der Einführung in das Wirtschaftsleben, der Um- oder Ansiedlung und schließlich der Eingewöhnung in neue soziale Verhältnisse und menschliche Beziehungen oder in eine geistig-ideologische, politische oder kulturelle Isolierung (Jolles 1965, S. 51).

Das Wort Heimat beschreibt keinen statischen Befund. Heimat handelt vielmehr von den Gefühlen und Urteilen vieler Einzelner. Dass die Vertreibung der Deutschen aus den Ostgebieten in Deutschland hinreichend bekannt ist, möchte ich für das Jahr 2017 anzweifeln, dass es ein Bewusstsein für die Existenz deutscher Minderheiten in Europa gibt, ebenso. Die deutsche Generation, welche die Vertreibung erlebt und erlitten hat, stirbt aus oder ist schon ausgestorben. Die Gruppe der Vertriebenen ist auch keine politisch relevante Gruppe mehr, so dass Politiker gleich welcher Couleur auf sie Rücksicht nehmen müssten.

Ich glaube auch nicht, dass mehr als eine Minderheit der Kinder der deutschen Heimatvertriebenen die Herkunft ihrer Eltern oder Großeltern als eigene Identität betrachten und sich heute dazu bekennen. Trotzdem verdient jeder Einzelne, der sich dazu entscheidet, absolute Anerkennung. Wer hier geboren wird, für den ist die Heimat Bundesrepublik meist nicht mehr fremd. Allerdings gibt es unter den jüngeren Russlanddeutschen auch heute noch Ausnahmen. Natürlich bleibt es noch auf Jahrzehnte Aufgabe von Politik und Gesellschaft, herauszufinden und nachzufragen, ob sich bekennende deutsche Heimatvertriebene in Deutschland angekommen und wertgeschätzt fühlen.

Nicht-Dazugehören hatte die ersten Jahrzehnte nach dem Krieg auch etwas mit deutschen Heimatvertriebenen zu tun. Heute ist das Phänomen seltener, aber ich sehe in meiner Bielefelder Zeit bis 2014 jede Woche am Hauptbahnhof den rüstigen Bessarabiendeutschen, der dort in Mülleimern nach Pfandflaschen sucht. Oder eine noch ältere Oma, die im Fußgängerbereich, auf dem Boden sitzend, angeblich Geld für ihre Verwandten in Kasachstan sammelt. Der öffentliche Raum ist hier Medium für die Sichtbarkeit sozialer Tatbestände.

Man könnte im Verständnis des französischen Strukturalisten Pierre Bourdieu auch von der "Trägheit sozialer Strukturen" ausgehen, wenn Menschen durch das soziale Netz fallen.

Es gibt sie nämlich nicht, die deutsche Gesellschaft, die nur durch Nächstenliebe bestimmt wird.

Politische Herrschaft ist wirksam, wenn sie durch hohes Ansehen, eine natürliche Autorität und tiefe Dankbarkeit der Menschen bestimmt wird. Mit Blick auf die deutschen Minderheiten wäre es wichtig, dass die deutsche Bundesregierung die Brückenfunktion der deutschen Volksgruppen und Minderheiten in Mittel-, Ost- und Südosteuropa anerkennt bei der Zusammenarbeit mit den deutschen Nachbarländern. Ferner sollte sich die deutsche Bundesregierung dort für die Schaffung von deutschsprachigen oder zweisprachigen Schulen mit Deutsch als Unterrichtssprache für die Angehörigen der deutschen Volksgruppen einsetzen. Außerdem sollte die konsularische Betreuung verbessert werden, wenn die Zugehörigkeit einer Person zur deutschen Volksgruppe eindeutig feststeht.

Der Salzburger Historiker und Germanist Dr. h. c. Karl Markus Gauß nähert sich in mehreren seiner Bücher an nationale Minderheiten und Ethnien an.

Gauß hat bereits in seinem in 2005 erschienenen Buch nach den "versprengten Deutschen im Osten" gesucht. Die Wahl von Klaus Johannis, der als Siebenbürger Sachse am 14. November 2014 zum

Staatspräsidenten Rumäniens gewählt wurde, macht deutlich, dass es versprengte Deutsche genauso noch im Jahr 2017 gibt. Die Verfasstheit der kleinen Ethnien lebt mindestens als Restutopie in Europa weiter.

Es geht in meiner Forschung nicht darum, eine weitere zeithistorische Studie zur Integration von Heimatvertriebenen und Flüchtlingen in die Bundesrepublik anzubieten, sondern darum, das soziologische Phänomen gefühlter Identität sichtbar werden zu lassen. Hierzu zähle ich auch das wissenschaftliche Arbeiten am Thema oder die ideelle Arbeit der Menschen, die sich für die Anliegen der Heimatvertriebenen einsetzen.

Im Geist des kürzlich verstorbenen Soziologen Henning Eichberg stelle ich fest: "Entfremdung ist ein Gegenbegriff von Identität" und die Integration der deutschen Heimatvertriebenen und heute Russlanddeutschen funktioniert nur zum Preis der Entfremdung.

Trotzdem hat ein Nicht-Dazugehören auch von deutschen Heimatvertriebenen oftmals auch etwas mit materieller Armut zu tun, denn ohne einen gewissen materiellen Wohlstand entfremdet sich der Mensch ebenso vom Ausleben der eigenen Identität.

Flüchtlinge aus den Ostgebieten sind keine Asylbewerber gewesen.

Deutsche Heimatvertriebene sind Deutsche mit dem Recht, in den vier Besatzungszonen eine neue Heimat zu finden.

Deutsche Institutionen wie auch die Einheimischen haben deutsche Heimatvertriebene in den ersten Nachkriegsjahren oft als Fremde behandelt. Eine ressentimentbeladene Demütigung ist ein gutbrauchbares Gefühl, um sich fremd zu fühlen in der Bundesrepublik Deutschland, oft ein Leben lang. Mut zur Identität in das Eigene gibt es nicht grundsätzlich bei den deutschen Heimatvertriebenen, auch nicht bei denen, welche noch in ihrer Heimat geboren wurden, obwohl dann die Wahrscheinlichkeit eines symbolischen Erinnerns und Bekennens größer ist. Ein symbolisches Bekenntnis kann auch ein nützliches Ritual sein. "Rituale geben uns Stabilität, Schutz und Halt. Rituale halten das Leben auch bei stärksten Windböen auf Kurs" (Feddersen 2017, S. 40). In der Nachkriegszeit war es noch viel mehr als ein ritualisiertes Bekenntnis zur alten Heimat der Vorfahren. Heimatvertriebener zu sein verkörperte früher ein spezielles Lebensgefühl, immer verbunden mit der Hoffnung auf Überwindung des politischen Status Quo, was ja ab 1990 auch passierte. Aber die alte Heimat kommt für die meisten Heimatvertriebenen nie mehr zurück.

Die zweite Hälfte des 20. Jahrhunderts ist die Blütezeit der Volksparteien CDU/CSU und SPD. Nur die FDP bietet eine politische Alternative. Allerdings wird die FDP auch als politischer Störfaktor empfunden. Zunächst fordert Adenauer am 22. November 1955 die Aufgabe der politischen Eigenständigkeit der FDP, insbesondere auf dem Gebiet der Außenpolitik. Die wiederholten Querschüsse aus dem liberalen Lager, etwa die Aufrufe zu einer direkten Verhandlungsaufnahme mit Moskau und/oder Pankow sind Adenauer zunehmend ein Dorn im Auge. Ein weiterer politischer Akt Adenauers, um sich der Existenz der FDP im Bundestag zu entledigen, ist 1955 der letztlich erfolglose Versuch, das Verhältniswahlrecht in ein Mehrheitswahlrecht umzuwandeln (vgl. Bucha 2010, S. 204 – 205). Der bekennende Grazer Kommunist Werner Murgg macht eine treffende Feststellung, der sich auch die Deutschen anschließen können, auch wenn diese unter einem Paradies auch wieder etwas anderes verstehen: "Wir Kommunisten müssen uns von der Idee verabschieden, dass wir in zwei bis drei Generationen das Paradies verwirklichen können, das dauert viele Generationen" (Stocker 2017, S. 52).

Im März 2018 wird bekannt, dass Polens Regierung einen "Staatlichen Antisemitismus" im Jahr 1968 ausrufen unter der Losung: "Zionisten nach Zion", da sich Polens Kommunisten so den Anführern der 68er-Proteste in der Volksrepublik Polen entledigen wollen (Vetter 2018, S. 8).

Der Direktor des Solidarność-Zentrums in Danzig, Basil Kerski, sagt: "Deutschland und Polen sind beides relativ junge Demokratien, sie tendieren daher zur Nabelschau, zur permanenten Selbstvergewisserung" (Kerski 2018, S. 7). Es könnte sich aber auch um ein latentes Ressentiment auf beiden Seiten der Oder handeln.

Wenn ich mit deutschen Heimatvertriebenen spreche, dann verfolge ich die Leitidee, Leben und Ansichten der Menschen authentisch wiederzugeben.

So muss ich hören, dass man sich "überall" zu Hause fühlt oder auch "noch nie" fremd gefühlt hat. Mein Großvater Kurt Erwin, dem ich dieses Buch widme, der hätte das noch genau umgekehrt formuliert. Er verstarb 1983. So wird deutlich, dass die in der Bundesrepublik ein Leben lang fremdelnden deutschen Heimatvertriebenen bereits verstorben sind.

Eine Ausnahme bildet die Gruppe der Russlanddeutschen, wo mir ein Mann sagt, der seit 1975 im Kreis Lippe lebt, dass er sich 17 Jahre am Arbeitsplatz gemobbt fühlt. Auf ihn trifft noch der Begriff Schamland zu, den der Soziologe Stefan Selke aber eigentlich benutzt, um, aufgrund der Vielzahl armer Menschen, die in der Gesellschaft Tafeln besuchen, die moralische Frage zu stellen, ob diese Tatsache nicht "eine existenzielle Verletzbarkeit" der Betroffenen darstellt. Selke sucht als Konsequenz einen Ausweg aus dem "technokratischen Verständnis des Sozialen" (Selke 2015, S. 11). Schamland, das war die BRD für viele damals Erwachsene deutsche Heimatvertriebene nach dem Krieg.

Gesprächsteil

Die nachfolgenden Interviews stehen für sich selbst, das heißt, sie werden nicht kommentiert oder phänomenologisch bewertet.

Die Reihenfolge der abgedruckten Interviews ist willkürlich, das heißt, diese erfolgt nach keinem strukturellen Raster.

Jedoch wird in Anlehnung an Pierre Bourdieus Konzept des Habitus jeder Interviewpartner als originäres Subjekt betrachtet, der mit seinem Statement seinen Blickwinkel, sein Wissen und damit seine Identität spiegeln soll.

Dieter Klimmek, Lemgo, Friseur

Der Friseur Dieter Klimmek aus Lemgo wird 1944 in Preußisch-Eylau, das heute in Polen zur Woiwodschaft Ermland-Masuren gehört, geboren. Seine Familie lebt bis zur Flucht "im großen Treck" in Schareyken im Landkreis Treuburg im Regierungsbezirk Gumbinnen. Ursprünglich leben Klimmeks Vorfahren in Russland, werden jedoch spätestens infolge der Oktoberrevolution 1917 an die ostpreußische Grenze des deutschen Reiches abgeschoben. Fremd fühlt sich Klimmek, der in der jungen Bundesrepublik in Rahden im Altkreis Lübbecke aufwächst, nicht. Allerdings wird Herr Klimmek im

Alter von sieben Jahren einmal von verschiedenen Einheimischen mit Alkohol so sehr abgefüllt, dass kurzzeitig unklar ist, ob er das überlebt. Seine Mutter sagt den Einheimischen, wenn ihr Sohn das überleben würde, würde sie nicht die Polizei informieren.

Respekt und Anerkennung der Einheimischen gegenüber seiner Familie, konstatiert Herr Klimmek, sei eben auch erst nach diesem Vorfall wirklich vorhanden.

Deswegen sei es auch Normalität gewesen, dass viele deutsche Heimatvertriebene in den 1950er Jahren fast ausschließlich nur untereinander befreundet sind.

Waldemar Herdt, ehemaliges Mitglied der Partei Bibeltreuer Christen (PBC), Agrar-Ingenieur, Mitglied der AfD-Bundestagsfraktion für den Wahlkreis Cloppenburg-Vechta, Mitglied im Auswärtigen Ausschuss des Bundestages, Mitglied im Ausschuss für Ernährung und Landwirtschaft des Bundestages, Stellvertretendes Mitglied im Haushaltsausschuss des Bundestages, Stellvertretender Landesgruppensprecher Niedersachsen in der AfD-Bundestagsfraktion, Gründungsmitglied der „Gruppe für Heimatvertriebene, Aussiedler und Deutsche Minder-

heiten" der AfD-Fraktion im Deutschen Bundestag, Stellvertretender Sprecher des Arbeitskreises Religionspolitik der AfD-Bundestagsfraktion

1. Herr Herdt, wo in Kasachstan wurden Sie geboren, wie viel Deutsche lebten dort? Wurde nur zu Hause deutsch gesprochen?

Geboren bin ich in Kustanai, Kasachstan, die deutsche Bevölkerung im Dorf war ca. 60 %, auch bei den umliegenden Dörfern war es ähnlich.

Zu Hause wurde deutsch gesprochen, da die Großmutter auch nur deutsch verstand. Erst mit Eintritt in die Schule und ins gesellschaftliche Leben, kam auch russisch hinzu. Später sprach man zu Hause oft einen Mix aus beiden Sprachen.

2. War Kasachstan Heimat für Sie?

Da ich da zur Welt gekommen war und es das einzige war, dass ich kannte, könnte man es schon als Heimat bezeichnen, auch da die Bevölkerung überwiegend deutsch war. Wir haben uns immer als Deutsche gefühlt und gesehen und lebten umgeben von Deutschen.

3. Hatten Sie Pläne für Ihr weiteres Leben in Kasachstan?

Anfangs gab es gar keine andere Aussicht als ein Leben in Kasachstan. Keiner hat mit einer schnellen Wende gerechnet. Noch fünf Jahre vor Ausreise hat keiner gedacht, dass es so kommen wird. Als dann der Umbruch kam, gab es dort keine Chance aufs bleiben, so ergriffen wir sofort die Gelegenheit und kehrten nach Deutschland zurück.

4. Waren Sie in Kasachstan Mitglied des Komsomol?

Ja, damals waren 99 % der Jugendlichen Komsomol-Mitglieder. Uns war bewusst, wenn wir etwas erreichen wollten, auch für das eigene Volk, durfte man es nicht verweigern. Obwohl ich auch einige kannte, die dort nicht Mitglieder waren. Aber da ich etwas erreichen und umsetzten wollte, wusste ich, dass es keinen anderen Weg gibt.

5. Herr Herdt, war die BRD, als Sie 1989 hier ankamen, nicht ein kultureller Schock der gesellschaftlichen Desorientierung?

Ich bin 1993 nach Deutschland gekommen. Einen kulturellen Schock gab es nicht. Schockierend war jedoch der Gedanke, dass hier bereits alles organisiert und scheinbar fertig gestellt ist. Es also keine Möglichkeit für mich gibt meinem Land zu dienen und etwas für mein Land zu tun. Der Schock musste erst bewältigt werden und einige Monate später sah auch ich, dass es hier durchaus doch Möglichkeiten gibt sich nützlich zu machen. Nachdem ich das erkannt hatte, machte ich mich auf die Suche wie ich mit einbringen kann. Relativ schnell fand ich dann auch eine Arbeitsstelle als Futtermeister im Schweinemastbetrieb, nach dem Bau des eigenen Hauses kam dann auch die Selbstständigkeit als Unternehmer. Der Schock war nicht kulturell, sondern eher wirtschaftlich.

6. Haben Sie sich fremd gefühlt in Deutschland?

Nein, ich habe mich nicht fremd gefühlt in Deutschland. Ich sah zwar, dass wir anders sind, aber es gibt auch Unterschiede zwischen Bayern und Niedersachsen und sogar von Dorf zu Dorf werden andere Sitten gepflegt. Ich sah, dass wir anders waren, aber nicht fremd.

7. Was wird die AfD im Bundestag machen, um die politischen Beziehungen Deutschlands zu Russland zu verbessern?

Um die Beziehung zwischen Deutschland und Russland zu verbessern, wird die AfD alles, was sich im Rahmen der Oppositionsarbeit an Möglichkeiten ergibt, tun und wir sind auch schon dabei. Medial sprechen wir uns immer für gute Beziehungen mit Russland aus und unsere Positionierung ist in dieser Hinsicht fest. Wir sind überzeugt, dass die Sicherheit auf dem europäischen Kontinent nur gewährleistet werden kann, wenn die Beziehungen zu Russland gepflegt werden. Wir haben bereits einen Antrag auf Sanktionsaufhebung gestellt. Weiterhin arbeiten wir an vielen kleinen Aktivtäten die zur Normalisierung der deutsch-russischen Beziehung beitragen sollen. Sogar jetzt, in der Zeit, in der die Sanktionen noch in Kraft sind, finden wir noch Felder, die von den Sanktionen nicht abgedeckt sind und nutzen diese. Wie zum Beispiel Unternehmungen kultureller Natur wie Städtepartnerschaften, aber auch nicht sanktionspflichtige geschäftliche Bemühungen versuchen wir zu aktivieren, um so die Sanktionen von innen heraus zu zersprengen. Wir als Opposition sehen das als unsere Aufgabe an.

8.   War es richtig, dass die Bundesrepublik nach dem Krieg ab 1970 immer noch die Aussiedlung großer Teile der verbliebenen deutschen Minderheit aus der UdSSR, aus Polen oder Rumänien, Ungarn oder Jugoslawien forderte und förderte?

Ja, ich denke, dass es richtig ist und sehr wichtig ist, die dort verbliebenen deutschen Minderheiten zu fördern. Die Frage ist, wie man es macht und was ist die Motivation. Hier könnte man wichtige Brücken bauen zwischen allen beteiligten Gruppen um die allgemeinen Wirtschaftsbeziehungen oder auch die bilaterale Länderbeziehungen zu verbessern. Die jetzige Vorgehensweise begrüße ich nicht, man sollte lieber den Ansatz ändern. Man sollte nicht durch behördliche oder gesellschaftliche Organisationen den Anreiz liefern, sondern vielmehr sollte ein anderes Ziel verfolgt werden. Nämlich das Deutschsein dort zu fördern und die wirtschaftlichen Beziehungen zwischen den dort lebenden Deutschen und den hiesigen klein- und mittelständigen Unternehmen aufbauen und in den Vordergrund rücken. Das wäre bei weitem sinnvoller für alle Beteiligten.

9.   Wie wird die AfD im Bundestag den Kontakt zu den deutschen Minderheiten herstellen und hiernach deren Interessen dort vertreten?

Ich bin Gründungsmitglied der „Gruppe für Heimatvertriebene, Aussiedler und Deutsche Minderheiten" der AfD-Fraktion im Deutschen Bundestag und als solche haben wir schon einige Kontakte aufbauen können. Wir sind gerade dabei die Konzepte, wie in Frage 8 schon beantwortet, auszuarbeiten und diese dann auch umzusetzen.

Dr. Heinrich Groth, 66, seit April 2018 Vorsitzender des Internationalen Konvents der Russlanddeutschen, Doktor der Biologie, vor dem Umstieg in die „Wiedergeburt" der Sowjet- bzw. der Russlanddeutschen war als Leiter eines wissenschaftlichen Labors des Asowschen Instituts für Fischwirtschaft tätig

1. Herr Dr. Groth, Sie sind in Kasachstan geboren, welche Bindung haben Sie zum Wolgagebiet?

Meine Eltern Heinrich Groth und Berta Hergenreder stammen beide aus der Wolgadeutschen Republik und wurden als Kinder mit 12 und 10 Jahren mit ihren Familien von dort nach Kasachstan deportiert. Die Heimsehnsucht hat meine Eltern 1965 mit fünf eigenen Kindern an die Wolga zurückgebracht.

2. Fühlten Sie sich als Deutscher in der UdSSR stigmatisiert?

Als Deutscher war ich wie alle meine Landsleute im Dorf, wo die Russen und Ukrainer in der Mehrheit waren, wurden wir Nachkriegskinder oft als Faschisten beschimpft und manchmal auch geprügelt. Das liebste Spiel der Kinder waren damals Kriegsspiele. Und da mussten wir Deutschen immer nur die Rollen des Feindes spielen. Und immer sollten wir besiegt werden, die Hände heben oder vor dem „Sieger" auf die Knie fallen.

Das war beleidigend. Und auf der anderer Seite stellte sich oft die Frage: Wieso dürfen alle Sieger außer uns Deutschen sein? Ich hatte schon als Schüler verstanden, dass da etwas nicht in Ordnung ist.

Später, nachdem ich versucht hatte, in einer prominenten militärischen Hochschule in Sevastopol Abitur zu machen, wurden mir künstlichen Hindernisse in Weg gestellt und ich musste zurück ins Dorf. Dort hatte ich erst mal als Traktorist ohne Führerschein gearbeitet.

3. Wann wurden Sie Gründer der Gesellschaft "Wiedergeburt", die in Moskau die Interessen der Sowjetdeutschen vertritt?

Die „Wiedergeburt" wurde offiziell Ende März 1989 in Moskau gegründet. Ich war einer von 132 Mitgründern und als Vorsitzender gewählt. Damals war ich 38. Aber das Bestehen der „Wiedergeburt" führen wir zurück ins Jahr 1988, und zwar ab April, während in Moskau sich eine 13-köpfige Gruppe der Russlanddeutschen zusammengefunden hatte, die man als die 3. Delegation bezeichnet. Geleitet wurde die Delegation von Dr. Johann Kronewald, der auch zu den ersten zwei Delegationen 1965 zugehörte. Ich war auch dabei und wurde als Sekretär der Delegation gewählt.

4. Strebt die "Wiedergeburt" Anfang der 1990er Jahre eine deutsche Wolgarepublik in Russland an?

Ja, die „Wiedergeburt" hatte damals, am Anfang meiner Tätigkeit, die Wiederherstellung der Wolgadeutschen Republik als die wichtigste Forderung der Rehabilitation meiner Volksgruppe auf die Fahne geschrieben.

5. Seit wann treten Sie für die Ausreise der Deutschstämmigen aus Russland ein?

Das Verständnis zur Ausreise unseren Landsleute nach Deutschland hatte ich schon immer. Niemand hatte mich je versucht davon abzubringen. Aber als politische Forderung hatten meine Mitstreiter und ich, nachdem wir verstanden hatten, dass die Führung der Sowjetunion und der Russischen Föderation die Rehabilitation gar nicht zulassen will. Und dieses Verständnis reifte in uns schon im Sommer 1990 heran und wurde später immer stärker.

6. Horst Waffenschmidt, CDU, war bis 1998 der Aussiedlerbeauftragte der Bundesregierung

Kohl. Sind Sie zufrieden mit seiner Unterstützung Ihrer Verbandsarbeit gewesen?

Dr. Horst Waffenschmidt, MdB und Parlamentarischen Staatsekretär, CDU, war in meinen Augen der beste und stärkste Beauftragte für Aussiedlerfragen. Er hat sich sehr stark und eindeutig für die echte Rehabilitation der russlanddeutschen Volksgruppe eingesetzt. Leider hatte er sich von diesem Kursus von der Regierung Russlands ablenken lassen. Und gerade noch in seiner Amtszeit wurden gegen die Deutschen aus der ehemaligen Sowjetunion viele diskriminierende Hindernisse auf dem Weg nach Deutschland aufgebaut. Ich musste mich als „Wiedergeburt"-Vorsitzender und später auch als legitimer Sprecher der ganzen zwei Millionen starken deutschen Volksgruppe der Sowjetunion und den GUS-Ländern mit Waffenschmidt streiten. Aber er hatte offenen Ohren und manches hatte er auch verstanden und akzeptiert. Leider ist dieser Staatsmann und Politiker so früh verstorben.

7. Ist es richtig, wenn Russlanddeutsche als Interessengruppe in Deutschland gemeinsam demonstrieren?

Die mehr als vier Millionen starke russlanddeutsche Gemeinschaft in Deutschland hat einige allgemeine und ganz spezifische Probleme. Um solche abzuschaffen muss man auch gemeinsam vorgehen. Deswegen finde ich es völlig normal, wenn Russlanddeutsche für die Abschaffung von etlichen Problemen, z. B. gegen die Abschaffung der Diskriminierung ihren Rentner auf die Straße gehen.

Auch im Fall „Lisa", wenn Sie das im Hintergrund meinen, bleibe ich dabei, dass es gut war, dass sich die Russlanddeutschen gegen die massive unkontrollierbare Zuwanderung von sogenannten Flüchtlingen gewehrt haben. Die Aufregung unserer Landsleute soll man nicht auf den Einzelfall fokussieren, sondern auf die ganze selbstmörderische Zuwanderungspolitik der Kanzlerin Merkel.

8. Sie haben heute den "Internationalen Konvent" gegründet? Wofür tritt dieser Konvent ein?

Der Internationale Konvent der Russlanddeutschen e. V. wurde nicht heute, sondern im Sommer 2002 in Berlin gegründet, kurz vor meiner Umsiedlung nach Deutschland. Er hatte sich als Schutzvereinigung für die Russlanddeutschen, vor allem in Deutschland präsentiert und hatte sich im Voraus von allen möglichen Staatsmittel für Projektarbeit, sowie auch von Stiftungsgeldern der etablierten Parteien auf Distanz gestellt. Nach unseren Erfahrungen begrenzen solche Gelder die Unabhängigkeit, egal von welchen gesellschaftlichen Organisationen.

Dr. Gerhard Kuebart aus Lemgo, Psychologe, Kreisvertreter von Ebenrode in der Landsmanschaft der Ostpreußen

Dr. Gerhard Kuebart ist Kreisvertreter von Ebenrode in Ostpreußen. Der parteilose Psychologe entstammt einer Familie aus Trakehnen im Kreis Ebenrode im Regierungsbezirk Gumbinnen. Dr. Kuebarts Großvater war Gestütsarchitekt von Trakehnen.

Dr. Kuebarts Familie lebte zunächst in Humfeld, heute Gemeinde Dörentrup. Dort war zu Anfang der 1950er Jahre Dr. Kuebarts Vater Mitglied im BHE (Block der Heimatvertriebenen und Entrechteten).

Nach Meinung von Dr. Kuebart hat der BHE die Anliegen der Bombengeschädigten, Heimatvertriebenen und Entrechteten vertreten. Für alle wurde die so genannte Hausratsentschädigung erstritten, für die ehemals Wohlhabenden ein finanzieller Lastenausgleich erstrebt.

Die SPD habe eine realistische Vertriebenenpolitik betrieben, und den Menschen keine Illusion über eine Rückkehr in die Heimat gemacht, das hätten manche deutsche Heimatvertriebene der SPD verübelt.

Deutsche Heimatvertriebene, die noch in der alten Heimat aufgewachsen sind, hätten ihre Heimat vermisst, sie hätten sich in der Freizeit oder am Sonntag auch am liebsten mit Landsleuten getroffen, womit auch nicht andere Heimatvertriebene aus anderen Landesteilen des ehemaligen deutschen Reiches gemeint sind.

Je älter ein deutscher Flüchtling zum Zeitpunkt der Flucht oder Vertreibung ist, desto stärker hängt dieser an seiner alten Heimat und fühlt sich ebenso fremder in der Bundesrepublik.

Heute dienen die Kreisgemeinschaften der kulturellen Pflege. Der Notwendigkeit der politischen Verständigung mit Russland läuft zuwider, dass vor zwei Jahren die deutsche Privatschule in Trakehnen und auch das deutsch-russische Haus in Königsberg vom russischen Staat geschlossen worden sei.

Trotz der Priorität des Gedenkens und der kulturellen Pflege gibt es in der deutschen Vertriebenenpolitik unterschiedliche Meinungen, so dass es auch unterschiedliche politische Lager gibt.

Rainer Claaßen, Fahrdienstleiter, stellvertretender Landesvorsitzender der Landsmannschaft der Ost- und Westpreußen im Freistaat Bayern

1. Wie kommt Ihr Interesse für Ost- und Westpreußen?

Das ist ganz einfach zu erklären: Durch meine Eltern (beide Jahrgang 1934). Meine Mutter ist eine alte Ostpreußin aus dem Kreis Gerdauen, mein Vater ist Westpreuße aus dem Kreis Großenwerder (von

1920 – 1939 im Freistaat Danzig gelegen). Wenn sie von ihrer Kindheit erzählten oder bei Familientreffen andere Verwandte (z. B. Großeltern) sich erinnerten, hörten wir Kinder immer gespannt zu.

2.   Seit wann sind Sie für die West- und Ostpreußen in Bayern aktiv?

In Bayern seit 2009, vorher war ich (Jahrgang 1965) Jugendvertreter (seit 2005) für die Länder Baden-Württemberg/Bayern/Thüringen. In Bayern wurde ich zunächst Landeskulturwart, ab 2011 dann stellvertretender Landesvorsitzender.

3.   Der bayerische Staatsminister Markus Söder sagt, die Menschen aus West- und Ostpreußen hätten in Bayern eine neue Heimat gefunden. Seit wann ist das so, gab es in der Nachkriegszeit zunächst ein bayerisches Ressentiment gegen die "neuen Preußen" vor Ort?

Nach meinem Eindruck nicht mehr als anderswo auch, wobei es durchaus Reibereien gab; das lag auch daran, dass mit den Preußen viele Protestanten in bis dahin sehr katholische Gegenden kamen. Es war allgemein so.

4.   Wie bekennt man sich als ostpreußischer Nachkomme heute richtig zur Identität der

Vorfahren, um diese "aktiv zu pflegen", wie es Staatsminister Söder im Geleitwort nennt?

Da gibt es kein Patentrezept, es kommt auf die Persönlichkeit an. Ich selber lege Wert auf ein umfangreiches geschichtliches Allgemeinwissen, bescheidenes und freundliches Auftreten sowie gute Kontakte in die Heimatgebiete; deswegen war es mir wichtig, mich wenigstens auf polnisch verständigen zu können, und so habe ich im Selbststudium die Umgangssprache erlernt. Ich stehe nicht nur mit den heimatverbliebenen Landsleuten in Verbindung, sondern auch mit dort wohnhaften Polen, die mich nach Kräften unterstützen.

5. Ist Ihnen zufällig einmal der aus dem Sudetengebiet stammende und in 2003 verstorbene bayerische Sozialdemokrat Volkmar Gabert begegnet?

Leider nein, damals habe ich noch kein Interesse an der Verbandsarbeit gehabt.

6. Ich sehe in Bielefeld am Hauptbahnhof gelegentlich einen alten Bessarabiendeutschen nach Pfandflaschen suchen. Gibt es heute Armut unter alten Ost- und Westpreußen in Bayern?

Unter unseren Mitgliedern ist mir kein Fall bekannt, jedoch gibt es viele Landsleute, die sich nicht zu unserer Landsmannschaft bekennen. Das kann ich nicht überschauen. Eine kleine Randbemerkung: ich kenne zwei Pfandflaschensammler, die aussehen wie Bahnhofspenner; aber der eine besitzt zwei Mietshäuser und eine Beamtenpension, der andere hat von seinem Bruder ein Vermögen im niedrigen 7-stelligen Bereich geerbt! Beide geben an, pro Jahr zwischen 2.000 und 3.000 Euro mit den Flaschen zu verdienen, und zwar steuerfrei. Warum? Keine Ahnung …

7.   Pflegt die bayerische Landsmannschaft heute den Kontakt zu den noch in der "kalten Heimat" lebenden "versprengten Deutschen" (Dr. h.c. Karl-Markus Gauß). Wenn ja, wie?

Wir organisieren
a)   mit Förderung durch den Freistaat
b)   die Sommerolympiade
c)   das Sommerfest der Deutschen Vereine
d)   das Jugendadventsseminar
e)   ohne Förderung (daher bundesweit organisiert)
f)   die Werkwoche
g)   diverse kulturelle Veranstaltungen in den Heimatgebieten.

8. Hat die Landsmannschaft bei einem Anliegen einen direkten politischen Draht zur bayerischen Staatsregierung?

Der Freistaat Bayern hat 1978 die Patenschaft für die Landsmannschaft Ostpreußen übernommen; alle bisherigen Regierungen haben dieses Verhältnis sehr ernst genommen. Unsere Kontakte zur bayerischen Staatsregierung sind daher ganz ausgezeichnet.

Professor Dr. Roland Girtler, Universität Wien, Soziologe, als dieser Vertreter der "verstehenden Soziologie"

1. Herr Professor Dr. Girtler, Sie sind für mich, gemeinsam mit Richard Grathoff, genau der Soziologe, der mein soziologisches Denken am meisten beeinflusst hat.

Sie haben es nicht leicht, behalten Sie Ihre Zähigkeit des Langstreckenläufers.

2. Herr Professor, Sie besuchten im Jahr 2017 Siebenbürgen?

Richtig, ich war von 15.06. bis 28.06. bei den Sachsen und Landlern in Rumänien. Mich interessierte das Alltagsleben der Menschen, das gerade in Zeiten des kulturellen Umbruchs spannend ist.

3.   Herr Professor, Ihnen sind in Siebenbürgen
zwei Titel verliehen worden?

Ja, ich bin Ehrenlandler und Ehrenmitglied der Zi-
geuner von Hermannstadt.

**Dr. jur. Martin Pfeiffer, Schriftleiter des Mo-
natsmagazins "Die Aula" aus Graz in Österreich**

1.   Umfasst der in Österreich gebräuchliche Be-
griff Volksdeutsche genau das, was man in
Deutschland unter der Bezeichnung deutsche
Heimatvertriebene versteht?

Der Begriff Volksdeutsche ist eine Bezeichnung,
die schon in der ersten Hälfte des 20. Jahrhunderts
im gesamten deutschen Raum in Gebrauch war.
Man meinte damit die Deutschen, welche aufgrund
der von den Siegermächten im Rahmen des Versail-
ler Vertrages – zumeist ohne Volksabstimmung –
veranlassten Änderungen der Grenzen auf einmal
außerhalb des Reiches ansässig waren oder schon
Jahrhunderte lang – weit vom Mutterland entfernt –
in deutschen Sprachinseln wie im Banat oder in
Siebenbürgen wohnten. In Österreich, wo man seit
1945 offiziell nicht mehr deutsch sein will, sondern
mit der Schimäre der „österreichischen Nation"
arbeitet, um sich vom großen Bruder jenseits des
Inn abzukoppeln bzw. zu emanzipieren, ist der Be-

griff Heimatvertriebene nicht unüblich. In Wien ist der Sitz des VLÖ, was ursprünglich die Abkürzung des „Verbandes der Volksdeutschen Landsmannschaften Österreichs" war. Mittlerweile nennt sich der VLÖ, welcher die offizielle Interessenvertretung der nach dem Ersten und Zweiten Weltkrieg aus dem ehemaligen Territorium der k. u. k. Monarchie vertriebenen Deutschen ist, „Verband der deutschen altösterreichischen Landsmannschaften in Österreich". Hier hat man sich also – ähnlich wie der VDA in den 1990er Jahren, der auf Wunsch „von oben" vom „Verein für das Deutschtum im Ausland" zum „Verein für Deutsche Kulturbeziehungen im Ausland" mutierte – im Sinne des herrschenden Zeitgeistes angepasst und die Bezeichnung Volksdeutsche durch das Wortkonstrukt Altösterreicher ersetzt.

Denn wenn man die These vertritt, dass die Österreicher – von der Abstammung gesehen – keine Deutschen seien, aber die in den angrenzenden Gebieten Mittelost-, Ost- und Südosteuropas über Jahrhunderte ansässig gewesen oder zum Teil nach wie vor dort wohnenden Deutschen schon, dann gerät man in Erklärungsnot. Danach wäre also der in Bad Radkersburg lebende Südsteirer kein Deutscher, während der nur wenige Kilometer jenseits der Grenze im heutigen Slowenien, etwa im

Abstaller Feld oder in Marburg an der Drau, wohnende autochthone Untersteirer mit deutschen Wurzeln Volksdeutscher oder Deutsch-Untersteirer genannt wird. Besonders auffällig ist die Absurdität, die Österreicher nicht als zum deutschen Volk zugehörig zu bezeichnen, in der Tirol-Frage. So spricht man in Südtirol in Bezug auf die autochthone Bevölkerung von Deutschen und Ladinern und stellt sie den Zugezogenen, also den Italienern, gegenüber. Warum sollten dann die in Nord- und Osttirol ansässigen Tiroler „nur" Österreicher, aber keine Deutschen sein?

Im offiziellen Sprachgebrauch ist man seit geraumer Zeit bemüht, aus den aus dem früheren k. u. k. Bereich stammenden Deutschen sogenannte „Altösterreicher deutscher Muttersprache" zu machen, um semantisch einerseits das österreichische Element zu berücksichtigen und andererseits das Deutsche auf die Sprache zu reduzieren und nicht auf die Abstammung und damit das Volkstum in den Vordergrund zu rücken. Man muss zum vollen Verständnis dieser umständlichen Wortschöpfung wissen, dass auch die italienisch(sprachig)en Trentiner und die Slowenen in der Untersteiermark so genannte Altösterreicher waren, weil sie im alten Österreich, der bis 1918 existierenden k. u. k. Monarchie, gelebt haben, aber im Gegensatz zu den Südtirolern und (deutschen) Untersteirern eben nicht deutscher Muttersprache waren bzw. sind. Gleich nach dem Zweiten Weltkrieg wurde sogar mit der seltsamen Wortschöpfung „Volksösterreicher" versucht, die deutschen Heimatvertriebenen aus den Gebieten der ehemaligen k. u. k. Monarchie von den aus den deutschen Ostgebieten bzw. aus Russland semantisch zu trennen. Dieser Irrsinn setzte sich aber nicht durch.

2.   Nach dem Ome-Onlinelexikon der Uni Oldenburg heißt es, dass die größte Gruppe der Volksdeutschen, die nach Österreich einwanderte, aus dem Gebiet des ehemaligen Jugoslawien kam, etwa 139.000, aber nur 12.000 aus Ungarn (Donauschwaben). Wie erklärt es sich, dass die Gruppe aus Ex-Jugoslawien so groß ist? Weil es unter Tito unangenehmer zu leben war als unter Kadar in Ungarn?

Sie meinen sicher die volksdeutschen Vertriebenen aus Südosteuropa. Von einer Einwanderung nach Österreich zu sprechen, ist etwas irreführend, handelte es sich doch überwiegend nicht um eine freiwillige Migration in die Alpenrepublik, sondern um eine blutige Vertreibung in den Jahren 1944 bis 1948. Hierbei waren Titos Schergen bemüht, sich möglichst aller Deutschen in ihrem Machtbereich zu entledigen. Viele von ihnen wurden ermordet. So schrieb der katholische sudetendeutsche Publizist Heinz Navratil, dass die Jugoslawiendeutschen die schwersten Verluste unter den Heimatvertriebenen erlitten hätten. Weit mehr als die Hälfte der 200.000 im Land Verbliebenen seien durch Massenexekutionen und in Konzentrationslagern ums Leben gekommen. Und bei Kriegsende seien fast alle in Titos Machtbereich verbliebenen Deutschen in Lagern interniert gewesen. Dies zeigt, dass es für die wenigen Jugoslawiendeutschen, die nicht vor Kriegsende geflohen waren und den Terror der Tito-Soldateska überlebt hatten, keinen Grund gab, im Lande weiterhin zu verweilen, sofern sie nicht sowieso vertrieben wurden. Der kroatisch-slowenische Forscher Roman Leljak beschäftigte sich in seinem Werk „Verjagt" mit den ethnischen Säuberungen in Slowenien in den Jahren 1945/46. Es war das Ziel der damals dort Herrschenden, das Land frei von Deutschen zu machen. Insofern stellte sich für die überlebenden Volksdeutschen nicht die Frage, ob sie bleiben oder gehen sollten. Denn sie wurden nicht mehr geduldet, es sei denn, sie verleugneten ihre Abstammung oder assimilierten sich durch Mischehen.

Im Gegensatz dazu war der Umgang der Ungarn, besser gesagt der Madjaren, mit den im Land ansässigen Donauschwaben etwas humaner. Vor allem nach dem Ende der wilden Vertreibungen in den unmittelbaren Nachkriegsjahren war die Lage der Volksdeutschen in Ungarn erträglich, so dass es in den 1950er Jahren und später nur noch wenig Anlass gab, in den Westen auszusiedeln.

3. Sind die Gruppe der Volksdeutschen aus Ex-Jugoslawien meist Menschen aus dem Banat?

Nein. Das Banat erstreckt sich ja über drei Staaten, nämlich Rumänien, einen kleinen Teil Ungarns und über Serbien. Zu Letzterem gehört die Vojvodina, in welcher der serbische Teil des Banat liegt. Der Großteil der aus dem früheren Jugoslawien geflüchteten Volksdeutschen waren Menschen aus der Untersteiermark (und der Krain), die nach dem Ersten Weltkrieg auf Grund des Vertrages von St. Germain an den damaligen SHS-Staat (später Jugoslawien) fiel(en), wobei daraufhin ein kleiner Teil der Deutschen nach Österreich übersiedelte. Der Exodus der deutschen Bevölkerung aus diesem Gebiet begann jedoch erst 1945. Die zweitgrößte Gruppe der in die Alpenrepublik geflüchteten Deutschen aus dem seinerzeitigen Jugoslawien dürfte die aus der Batschka und dem serbischen Banat sein.

4. Das Konzept des Ethnopluralismus von Eichberg meint, dass sich Ethnien nach Zugehörigkeiten zu einer Kultur definieren. Stimmen Sie zu, dass dieses Konzept sinnvoll für deutsche Minderheiten in Europa ist?

Mit diesen Theorien habe ich mich bisher nicht beschäftigt. Aber Ethnien, also Völker, sind natürlich Abstammungsgemeinschaften, die sich durch eine gemeinsame Kultur, deren wichtigster Bestandteil die Sprache ist, definieren. Zur Kultur gehören ferner Sitten und Gebräuche. Ein Volk hat vor allem eine gemeinsame Geschichte, nicht unbedingt dieselbe Religion. Bezogen auf die deutschen Minderheiten in Europa, unterscheiden sich etwa die Tiroler südlich des Brenner, also im italienischen Machtbereich, von den nach dem Ersten Weltkrieg in das Gebiet an Etsch und Eisack zugewanderten Romanen in erster Linie durch ihre Sprache, aber auch durch ihre Bräuche, Essgewohnheiten und sonstige Lebensart; die Religion hingegen ist die gleiche. Bei den Deutschen in Siebenbürgen hingegen war ein wichtiges Unterscheidungsmerkmal die evangelische Religion; der Gottesdienst wurde natürlich in deutscher Sprache gefeiert. Die Bruchlinien bei unterschiedlichen Menschengruppen verlaufen zuallererst entlang der Sprachgrenze.

5. Ist Ihnen bekannt, ob es in Österreich in der Nachkriegszeit Ressentiments der Einheimischen gegen Volksdeutsche gab?

Nach dem Zweiten Weltkrieg gab es in beiden deutschen Staaten – nicht zuletzt wegen der Knappheit an Wohnraum und Lebensmitteln – Vorurteile gegen deutsche Heimatvertriebene. Ein prominentes schändliches Beispiel war das Verhalten des ersten österreichischen Bundespräsidenten der Zweiten Republik, des Sozialisten Karl Renner, der selbst aus Südmähren stammte. Dieser verweigerte eine gewisse Zeit Sudetendeutschen, etwa aus Brünn, die Einreise nach Österreich, was zum Hungertod Tausender Südmährer führte. Teilweise wurden Deutsche aus dem Sudetenland oder aus Südosteuropa einfach nach Deutschland abgeschoben, weil man nach 1945 in Österreich nicht mehr deutsch sein wollte und damit die ungebetenen Gäste in ihre vermeintliche alte Heimat schicken wollte. Dass die Deutschen aus Böhmen, Mähren, Österreichisch-Schlesien oder dem Banat wie die Tiroler, Steirer oder Kärntner Jahrhunderte lang Teil der deutschen Bevölkerung der alten Habsburger Monarchie waren, interessierte in der zweiten Hälfte der 1940er Jahre die opportunistischen volksseparatistischen Austriaken in Wien plötzlich nicht mehr.

Auch Politiker der ÖVP polemisierten gegen Sudetendeutsche, zum Beispiel Außenminister Karl Gruber, der Ende 1945 einen Staatsbesuch in Prag machte und zur Vertreibung der Deutschen aus Böhmen und Mähren demonstrativ schwieg. Widerlich verhielt sich der Mitarbeiter des Generalsekretärs der ÖVP, Hofrat Raimund Poukar, der den Sudetendeutschen vorwarf, „seit Jahrzehnten" ein „Unruheelement" gewesen zu sein und das „Verhältnis zwischen der Tschechoslowakei und Österreich vergiftet" zu haben, wobei ihre Art „im Grunde jedem Österreicher zuwider" sei. Sein Hass auf die Sudetendeutschen gipfelte in dem Satz: „Daher verstehen wir, dass das tschechische Volk endlich Ruhe haben will."

6. In welcher politischen Partei Österreichs waren viele Volksdeutsche organisiert?

Organisiert waren die Volksdeutschen eigentlich in keiner Partei. Direkt nach dem Krieg gab es als einzige Anlaufstelle für Heimatvertriebene das 1945 geschaffene „Referat für Volksdeutsche" in der Bundesleitung der ÖVP, was damals aber nur wenigen Vertriebenen bekannt war. Wenn sich Vertriebene politisch engagierten, dann zumeist in der ÖVP, da eine Partei des Dritten Lagers, nämlich der Vorläufer der FPÖ, der VdU (Verband der Unabhängigen), von den alliierten Besatzern erst 1949 erlaubt und zur Wahl zugelassen war. Nach der Gründung der FPÖ im Jahre 1956 betätigten sich nicht wenige Vertriebene in dieser Partei.

7.   Gab es hochrangige volksdeutsche Politiker in Österreich?

Es gab eine Menge führender Politiker in Österreich, die ihre Wurzeln in Vertreibungsgebieten hatten bzw. haben. Der erste Bundespräsident nach dem Zweiten Weltkrieg, Karl Renner, wurde bereits erwähnt. Er stammte aus dem südmährischen Untertannowitz. Der amtierende Bundespräsident Alexander Van der Bellen hat holländische Wurzeln, seine Vorfahren wohnten einige Zeit im Zarenreich, dann im Baltikum, seine Eltern flüchteten vor der Roten Armee ins Großdeutsche Reich und wurden Anfang 1945 in Tirol ansässig. Der ehemalige Dritte Präsident des Nationalrats, Martin Graf (FPÖ), hat Vorfahren in Oberschlesien. Und die gegenwärtige Vertriebenensprecherin der FPÖ im Nationalrat, Anneliese Kitzmüller, hat ihre Wurzeln in der Bukowina und ist Bundesobfrau der Landsmannschaft der Buchenlanddeutschen. Der einstige Zweite Präsident des Wiener Landtags, Johann Herzog (FPÖ), wurde im südmährischen Znaim geboren und als Kleinkind vertrieben. Und die Eltern von Gerhard Kurzmann (FPÖ), dem amtierenden Dritten Präsidenten des Steiermärkischen Landtags, stammen aus dem untersteirischen Marburg an der Drau.

8. Gibt es in Österreich eine Organisation wie den deutschen BdV? Welchen politischen Einfluss hatte dieser?

In der Alpenrepublik gibt es wie in der BRD verschiedene Landsmannschaften, etwa die Sudetendeutsche Landsmannschaft in Österreich (SLÖ) oder die Landsmannschaft der Deutsch-Untersteirer. Sie alle sind – ähnlich dem BdV – im VLÖ zusammengefasst, dem „Verband der deutschen altösterreichischen Landsmannschaften in Österreich" (früher: „Verband der Volksdeutschen Landsmannschaften Österreichs"), wie bereits oben erwähnt wurde. Er hat seinen Sitz im „Haus der Heimat" im Wien. Dieses wurde mit staatlicher Hilfe und Unterstützung der drei großen Parlamentsparteien SPÖ, ÖVP und FPÖ geschaffen, wobei das Gros des Geldes für den Ankauf der Liegenschaft kurz nach der Jahrtausendwende aus herrenlosem Vermögen von Vertriebenen kam. Es war auf Konten, die keiner lebenden Person mehr zuzuordnen waren. Der Einfluss des VLÖ auf die hohe Politik ist eher gering, aber in Vertriebenenfragen auf FPÖ und ÖVP nicht zu unterschätzen. Bei Veranstaltungen des VLÖ tauchen regelmäßig Politiker der FPÖ, häufig welche der ÖVP und gelegentlich auch solche der SPÖ auf. Während der BdV von Politikern der Union dominiert wird, beherrschen den VLÖ in erster Linie Politiker der FPÖ, aber auch der ÖVP. Die SLÖ als größte Landsmannschaft innerhalb des VLÖ wird von Gerhard Zeihsel, einem ehemaligen Wiener Landtagsabgeordneten der FPÖ, angeführt.

Dietrich Janzen, Dolmetscher und Übersetzer, Beisitzer im Vorstand des AfD-Bezirks Detmold aus Espelkamp im Kreis Minden-Lübbecke.

1. Wo in der UdSSR haben Sie gelebt?

Ich bin in der Stadt Borowsk (heute: Solikamsk) am Fluss Kama (Nebenfluss der Wola) im Ural/Gebiet Perm, in Russland geboren. Dort trafen sich meine Eltern, nachdem sie im Verlauf des Zweiten Weltkrieges aus den Dörfern der deutschen Kolonisten in der Ukraine, Gebiet Dnepropetrowsk, zunächst mit den zurückflutenden deutschen Truppen im Herbst 1943 nach Deutschland bzw. Polen kamen (der Vater kam in die Nähe von Chemnitz, die Mutter war bis Kriegsende im Wartegau in Polen). Im Spätsommer 1945 wurden sie von sowjetischen Militärbehörden zwangsweise wieder in die Sowjetunion gebracht. Man verbot ihnen (wie auch allen Russlanddeutschen) aber, in ihren ehemaligen deutschen Kolonistendörfer in der Ukraine zu wohnen. Sie wurden bis Ende 1955/Anfang 1956 der Erfassung durch die Sonderkommandatur des sowjetischen Innenministeriums unterstellt. Hierbei wurde ihnen der Wohnort zugewiesen und sie mussten sich monatlich beim Kommandanten des zugewiesenen Wohnortes melden. Das Klima war kalt, die Gegend liegt nah an Sibirien.

So zogen meine Eltern im Februar 1963 in den Süden der Sowjetunion, in die Republik Kirgisistan (damals: Kirgisische Sozialistische Sowjetrepublik). Dort war es klimatisch wesentlich wärmer, im Sommer bis zu 42° C heiß und im Winter bis zu -28° C kalt.

Unsere Eltern kauften in der Stadt Kant (ca. 25.000 Einwohner) ein Lehmhaus, bestehend aus drei Zimmern. Dort wohnten wir bis zur Übersiedlung nach Deutschland im Sommer 1977.

2.   Warum wollten Sie oder Ihre Familie aus der UdSSR ausreisen?

Unsere Familie wollte aus der Sowjetunion ausreisen, weil Deutsche und Christen in der UdSSR diskriminiert wurden und sie keine Perspektive für sich mehr in der Sowjetunion sahen. Aus unserer Verwandtschaft kamen während der Stalinistischen

Repressalien in den Jahren 1937/38 ein Großvater und drei Onkel um. Der Großvater mütterlicherseits kam nach Abbüßung der fünfjährigen Haft (als angeblicher Hitler-Spion) im Mai 1941 gerade rechtzeitig vor dem großen Krieg aus dem Gefängnis nach Hause.

3. Kamen Sie 1977 nach dem Aufnahmelager gleich nach Espelkamp?

Nach dem Erstaufnahmelager in Friedland, wo wir drei Tage blieben, kamen wir in das Durchgangslager Unna-Massen (Kamen). Dort blieben wir vier Wochen. Danach kamen wir nach Espelkamp, weil eine von Mutters Schwestern bereits seit 1974 dort wohnte.

4. Hatten Sie auch Kontakt zu anderen deutschen Heimatvertriebenen?

Zu anderen Heimatvertriebenen (wenn damit Aussiedler aus Ländern außerhalb der UdSSR gemeint sind) hatten wir kaum Kontakte. Im Lager in Unna-Massen gab es damals viele deutschstämmige Aussiedler aus Polen. Aber zu näheren Kontakten kam es nicht. Ich machte von 1981/82 im Institut für spätausgesiedelte Abiturienten in Geilenkirchen das Abitur nach und lernte am Institut deutschstämmige Aussiedler aus Polen und Rumänien kennen. Mit einigen von ihnen spielte ich Volleyball, einer war mein Zimmernachbar.

5. Fühlen Sie sich in den siebziger Jahren fremd in Espelkamp?

Ich habe mich keineswegs in Espelkamp in den 1970er Jahren fremd gefühlt. Es waren schon Bekannte aus meiner Jugendzeit in Kant/Kirgisien da. Es waren andere russlanddeutsche Jugendliche aus Estland und anderen Gegenden der Sowjetunion da. Durch die Mennonitische Brüdergemeinde und die Jugendarbeit entstanden vielfältige Kontakte und man gewann neue Freunde. Die Stadt Espelkamp erinnerte mich stark von der Lage und Struktur an unseren Wohnort in der UdSSR – an die Stadt Kant (was die Stadtgröße, Lage in der Nähe eines Kanals etc. anbetrifft).

6. Was erwarten Russlanddeutsche zukünftig von der deutschen Politik?

Ich bin nicht legitimiert, für alle Russlanddeutsche zu sprechen und werde das auch nicht tun. Doch allgemein meine ich von meinen Landsleuten mitbekommen zu haben, dass die deutsche Außenpolitik sich aus dem Kadavergehorsam zu den USA verabschieden und eine russlandfreundlichere Politik betreiben soll. Obwohl wir als Deutsche in der

UdSSR Repressalien ausgesetzt waren, sind wir insgesamt ca. 200 Jahre Gäste in dem Land gewesen. Unsere Väter und Großväter haben im Russischen Imperium als Bauern, Handwerker, Selbständige und auch Fabrikbesitzer lange erfolgreich wirtschaften können. Im Jahre 1913 besaßen die Russlanddeutschen in Russland Land, das in etwa die Hälfte der heuten Bundesrepublik Deutschland ausmacht. Die Deutschen wurden in Russland ab 1915 bis 1929 schrittweise enteignet.

Nichtsdestoweniger haben wir eine freundschaftliche Einstellung zu dem russischen Volk und den vielen anderen Völkern des riesigen Russlands beibehalten. Russland ist nach 70 Jahren kommunistischer Diktatur frei geworden. Es hat demokratische Strukturen und Regierungsformen aufgebaut. Das neue Russland verdient unsere Unterstützung im Bemühen um wirtschaftliche Gesundung und gesellschaftliche Erneuerung. Russland hat bis 1993 seine Streitkräfte aus Deutschland und Osteuropa abgezogen und somit dem Selbstbestimmungswillen des deutschen Volkes Rechnung getragen. Es ist undankbar und politisch verwerflich, dass sich die Merkel-Regierung in den letzten 12 Jahren in Vasallentreue zum amerikanischen Imperialismus außenpolitisch gegen Russland stellt, unsinnige auch für Deutschland schädliche Wirtschaftssanktionen gegen Russland mitträgt und sonst auf anderen Ebenen gegen Russland unnötig polemisiert.

Durch die NATO-Osterweiterung und die verstärkte Militarisierung der östlichen neuen NATO-Mitgliedsländer (Polen, Rumänien, Bulgarien etc.), durch den vom Westen kräftig unterstützten Maidan-Putsch in Kiew/Ukraine in den Jahren 2013/14 ist die Gefahr einer erneuten großen kriegerischen Auseinandersetzung zwischen West und Ost enorm gestiegen. Das bestätigen auch solche prominente Kenner der Weltpolitik wie der CDU-Experte Willy Wimmer.

Ich persönlich wünsche mir in den USA eine neue politische Macht, eine neue politische Partei, nennen wir sie mal Alternative für die USA, damit nicht ewig gestrige Hardliner wie Mc Cain, der Busch- oder Clinton-Clan die amerikanische Außenpolitik bestimmen, sondern realistische auf die globale Völkerverständigung und den Weltfrieden ausgerichtete politisch unverbrauchte und motivierte Kräfte das Sagen bekommen und den Friedenshoffnungen der Völker der Welt Rechnung tragen.

Die Russlanddeutschen (bzw. Deutsche aus Russland) wünschen sich von der Innenpolitik ein Festhalten und eine Orientierung an traditionellen abendländisch-christlichen Werten. "Ehe für alle" betrachtet die überwiegende Mehrheit der Russlanddeutschen als eine modische Verirrung der Moderne und trägt sie nicht mit.

7. Sind Sie Mitglied des russlanddeutschen Netzwerkes der AfD in NRW?

Ich bin Mitglied in der Interessengemeinschaft der Russlanddeutschen in der AfD auf Bundes- und Landesebene in NRW.

8. Wird bei den nächsten Kommunalwahlen die AfD erfolgreich sein? Wenn ja, warum?

Ob die AfD bei der Kommunalwahl in 2020 erfolgreich sein wird, hängt von vielen Faktoren ab, die sich jetzt nicht abschließend vorhersagen lassen. Das wird die Zukunft zeigen. Warten wir es ab.

9. Wird es spezielle Anliegen der Russlanddeutschen an eine AfD-Kommunalpolitik in Espelkamp geben?

Es wird keine spezifischen Themen oder Schwerpunkte für Russlanddeutsche in der AfD-Kommunalpolitik in Espelkamp geben. Die AfD ist eine gesamtdeutsche Partei. Die überwiegende Mehrheit der Deutschen aus Russland wohnt seit ca. 45 – 40 – 35 – 30 Jahren in Espelkamp. Sie sind sprachlich, beruflich, gesellschaftlich integriert. Es sind bereits zwei nachfolgende Generationen hier geboren, die kein Russisch mehr sprechen, die mit Russland wenig oder überhaupt nichts mehr zu tun haben. Die absolute Mehrheit der Russlanddeutschen braucht keine Extra-Behandlung und auch keine Extra-"Wurst".

Die Diskussionen in der Stadt nach der Info-Veranstaltung der AfD in Espelkamp im Zuge des Bundestagswahlkampfes am 11.09.2017 offenbarten immer noch vorhandene Ressentiments zwischen einem Teil der alteingesessenen Espelkamper (Aussiedler aus Pommern, Schlesien etc. der 1940er Jahre) und den russlanddeutschen Spätaussiedlern der Jahre ab 1972. Diese Missstimmungen wollen wir unter keinen Umständen fördern, sondern abbauen helfen. Wir sind eine Stadt, alle legal hier lebenden Menschen sind Espelkamper und verdienen es, dass die Kommunalpolitik sich ihrer Nöte und Wünsche annimmt, sich für ihre Belange einsetzt.

10. Gibt es einen generellen Zusammenhalt der Russlanddeutschen in Espelkamp oder lebt heute jeder sein Leben?

Die ca. 7.000 russlanddeutschen Bürger unserer Stadt sind weder politisch, noch kirchlich, noch vereinsmäßig oder kulturell in irgendeiner Organisation zusammengefasst. Es lebt jeder für sich bzw. in seinem privaten, verwandtschaftlichen, religiösen Umfeld, das unterschiedlich groß für jeden ist.

Frau Doris von Sayn-Wittgenstein, Rechtsanwältin, Mitglied des Landtags von Schleswig-Holstein, AfD -Landesvorsitzende von Schleswig-Holstein

1. Frau von Sayn-Wittgenstein, welchen familiären Bezug hat Ihre Familie zum Schicksal deutscher Heimatvertriebener?

Meine Mutter stammt aus Niederschlesien und ist mit ihrer Mutter und zwei weiteren Geschwistern von dort vertrieben worden.

2. Haben Sie eine Meinung zum Thema Lastenausgleich?

Ja: Der Lastenausgleich deckte ja nur den Verlust gezogener Nutzungen, nicht den Verlust der Substanz, und auch das nur in bescheidenem Umfang. Man muss hierbei jedoch bedenken, dass dies in einer Zeit des Aufbaus der BRD geschah und deshalb schon ein beachtlicher Ansatz war.

3. Hätten die deutschen Heimatvertriebenen in der Bundesrepublik regional nach Landsmannschaften angesiedelt werden sollen?

Ich glaube, dass das den Schmerz über den Verlust der Heimat gemildert hätte; man hätte ja so mehr Anknüpfungspunkte für einen sozialen Umgang gehabt. So wurden die Vertriebenen in vielen Fällen ja isoliert und teilweise auch angefeindet.

4. Sind Ihnen Situationen oder Lebensbereiche bekannt, in welchen deutsche Heimatvertriebene in der Bundesrepublik der Nachkriegszeit benachteiligt wurden?

Ich selbst habe als ca. zehnjähriges Mädchen gehört, wie eine Einheimische eine andere darauf hinwies, dass ein Drogist im Ort ja Vertriebener sei und man deshalb nicht bei ihm kaufen solle. Auch Ehen zwischen Einheimischen und Vertriebenen wurden ja nicht gern gesehen.

5. Warum wurden Sie Mitglied der AfD?

Ich möchte Teil einer politischen Bewegung sein, die uns Deutschen dazu verhilft, zu uns selbst zu finden; die Frage von Kultur und Identität hat bei der AfD einen hohen Stellenwert; sie steht sogar im Wahlprogramm.

Daniel Kunz , selbständiger Unternehmer aus Leopoldshöhe

Der Moldawiendeutsche Daniel Kunz kommt 1996 nach Deutschland. Er ist damals zwölf Jahre alt. Sein Großvater, der damals schon tot war, war Russlanddeutscher. Nach der Stalinzeit hat Kunzes Großvater Tiraspol wegen des milden Klimas als Wohnort selber gewählt.

Tiraspol liegt in Moldawien, so wie es international anerkannt ist.

Gegenwärtig ist Tiraspol jedoch die Hauptstadt der von Moldawien abgespaltenen Dnestr-Republik, die allerdings international nicht anerkannt ist.

In Transnistrien sind russische Truppen stationiert, die den Status-Quo aufrechterhalten. Die Bevölkerung ist überwiegend russisch sprechend und russlandfreundlich. Es ist eine Enklave zwischen Moldawien und der Ukraine, kann von Russland nur aus der Luft versorgt werden, wenn die Ukraine den Landzugang sperren würde, was schon mehrmals angedroht wurde.

Kunz hat sich in Deutschland nie fremd gefühlt, es sei wichtig, die Sprache perfekt zu können. Arbeitslos sei er nicht einen Tag gewesen. Dazu noch ein erfolgreicher Handballer. Kunz bringt es als Handballspieler bis in die zweite Handballbundesliga.

Volkmar Halbleib, Richter a. D., parlamentarischer Geschäftsführer der SPD-Landtagsfraktion im bayerischen Landtag

Zunächst: Vertriebenenpolitischer Sprecher der Bayern-SPD-Landtagsfraktion bin ich seit 2013, zugleich deren Parlamentarischer Geschäftsführer. Ich kann dabei auf die Verdienste meiner beiden Vorgänger aufbauen: Albrecht Schläger, heute Ko-Vorsitzender der Seliger-Gemeinde und Vizepräsident des BdV, und Christa Naaß, viele Jahre zugleich stellv. Fraktionsvorsitzende, heute Generalsekretärin des Sudetendeutschen Rats. Dabei habe ich einen doppelten familiären Hintergrund, der mich bei dieser Arbeit begleitet. Zum einen stammt meine Mutter aus Tachau/Tachov und wurde 1946 als 16jährige mit ihrer Mutter und ihren Geschwistern im Wege der geordneten Aussiedlung vertrieben. Meine Großmutter wurde in der deutschen Sprachinsel der Zips in Schmöllnitzhütte im Osten der heutigen Slowakei geboren.

Vertriebenenpolitik hat für die bayerische SPD seit der Nachkriegszeit einen hohen Stellenwert. Das hat mehrere Gründe:
Zum einen weil der Freistaat nach dem Zweiten Weltkrieg ein Hauptaufnahmeland von Flüchtlingen und Heimatvertriebenen war. Von den ca. 12

Millionen, die infolge des Zweiten Weltkrieges bis 1950 nach Deutschland kamen, fanden ca. 1,9 Millionen in Bayern Aufnahme, darunter ca. 1 Million aus dem Sudetenland und rund 460.000 aus Schlesien. Bei einer Einwohnerzahl Bayerns von 9,5 Millionen war somit jede/r Fünfte ein Neubürger aus den Vertreibungsgebieten. Hinzu kamen seit 1950 rund 640.000 Aussiedler und Spätaussiedler aus sämtlichen Herkunftsgebieten im Osten.

Ministerpräsident Wilhelm Hoegner sprach bereits 1956 von den Sudetendeutschen voller Anerkennung als „Vierten Stamm Bayerns". Die darin zum Ausdruck gebrachte Genugtuung über die gelungene Integration betrifft im Grunde alle Vertriebenengruppen gleich welcher Herkunftsregion. Sie haben einen großen Beitrag zur Entwicklung unseres Freistaats in den vergangenen Jahrzehnten geleistet und Bayern menschlich wie kulturell enorm bereichert.

Zum anderen verdankt auch die bayerische SPD den heimatvertriebenen Sozialdemokraten viel, insbesondere den Sudetendeutschen. Viele spielten in unseren Ortsvereinen in den 1950er und 1960er Jahren wichtige Rollen. Einer von ihnen, Volkmar Gabert, brachte es sogar zum erfolgreichen SPD-Landes- und Fraktionsvorsitzenden und erreichte mit über 35,8 Prozent das bislang beste SPD-Ergebnis bei einer Landtagswahl. Auch andere unserer Spitzenpolitiker kamen aus Vertriebenenfamilien: Karl-Heinz Hiersemann ist in Breslau geboren, Peter Glotz war gebürtiger Sudetendeutscher, Renate Schmidts Mutter stammte aus dem Banat. Das erklärt auch, warum wir bayerische Sozialdemokraten uns schon seit fast 30 Jahren als Schrittmacher der Verständigung und Versöhnung mit unseren Nachbarn in Mitteleuropa verstanden haben. Mit Erfolg: Es hat lange gedauert, bis die CSU die Eiszeit zwischen Prag und München überwunden hat. Wir freuen uns, dass sich die politischen Beziehungen zwischen Bayern und Tschechien endlich gutnachbarschaftlich entwickeln und daran auch die Sudetendeutschen engagiert mitarbeiten.

Diese Tradition versuche ich als vertriebenenpolitischer Sprecher zu pflegen. Worum geht es uns?
Erstens: Wir wollen die Erinnerung an Ursachen, Verlauf und Folgen der menschen- und völkerrechtswidrigen Vertreibungen und das Schicksal der Vertriebenen bewahren. Sie ist keine „ewig gestrige" Aufgabe, sondern zeitlos Mahnung und Auftrag, für ein einiges Europa der guten, solidarischen Nachbarschaft einzutreten. Beidem kommt in Zeiten eines wiederauflebenden Nationalismus und angesichts der heutigen Flüchtlinge eine ganz neue

Aktualität zu. Wer die Geschichte des 20. Jahrhunderts kennt, erkennt, dass wir jetzt gefordert sind, klare Kante für die europäische Einigung zu zeigen. Was jetzt Not tut, hat Papst Franziskus in drei Worten ausgedrückt: „Brücken, nicht Mauern!"

Zweitens: Wir treten auch dafür ein, das reiche kulturelle Erbe der Vertriebenen auch für künftige Generationen zu bewahren und zu pflegen. Es hat unsere Gesellschaft bereichert und tut dies auch weiterhin. Wir unterstützen Erinnerungsprojekte wie die von CDU/CSU und SPD gemeinsam beschlossene „Stiftung Flucht, Vertreibung, Versöhnung" in Berlin und das Haus des Deutschen Ostens in München. Das jüngst eröffnete „Schlesische Schaufensters in Bayern" im Herzogsschloss von Straubing haben wir genauso unterstützt wie den Bau des Sudetendeutschen Museums in München, das 2018 eröffnet wird.

Drittens: Schließlich machen wir im Landtag Druck, auch die Arbeit und Einrichtungen anderer Vertriebenengruppen und vieler ihrer Ortsverbände und Initiativen nach § 96 Bundesvertriebenengesetz (BVG) zu fördern und hierfür ausreichend staatliche Mittel im bayerischen Staatshaushalt zur Verfügung zu stellen. Vorgenommene Mittelkürzungen haben wir im Landtag stets zu verhindern versucht.

Wir schätzen die Nachkommen der Heimatvertriebenen als wichtige europäische Brückenbauer zu den Herkunftsländern ihrer Vorfahren und deren kulturellem Erbe. Die vehemente Gegnerschaft der Vertriebenenverbände zur Ostpolitik Willy Brandts ist dank ihres Erfolgs bei der Überwindung des Eisernen Vorhangs einem großen verständigungs- und versöhnungspolitischen Engagement gewichen. Das verdient gesellschaftliche und politische Anerkennung und Förderung.

Als Sozialdemokraten bringen wir dies seit mittlerweile zehn Jahren mit unseren traditionellen Jahresempfängen für Heimatvertriebene, Flüchtlinge und Aussiedler im Bayerischen Landtag und der Auszeichnung vieler Persönlichkeiten, Initiativen und Vereinigungen als „Brückenbauer" zum Ausdruck.

Harry R. Wilkens, Schriftsteller und Publizist aus Genf (Schweiz)

1. Herr Harry R. Wilkens, Sie sind Schweizer Schriftsteller und wurden 1945 in Kaiserslautern geboren, warum leben Sie in der Schweiz ?

Seit dem Ende des Kalten Krieges war es für mich ratsamer, endlich zur Ruhe zu kommen. 1990 kam ich nach Genf und brauchte ein ganzes Jahr, um offiziell hier bleiben zu können, weswegen ich erst ab 1991 offiziell hier Bleiberecht habe.

2. Warum haben Sie heute nur einen Schweizer Pass?

Bei meiner (wegen Ehe mit Schweizerin erleichterten) Einbürgerung 1997 war doppelte Staatsangehörigkeit noch nicht für alle Deutschen erlaubt, und außerdem legte ich keinen Wert drauf. Und meine beiden Kinder waren schon volljährig und somit nicht automatisch einbürgerbar.

3. Warum reisen Sie nicht mehr nach Deutschland?

Seitdem meine allerletzten älteren Familienangehörigen in der Pfalz verstorben sind, habe ich keine Lust und Laune mehr dazu. Meine Nachkommenschaft lebt im Mittelmeerraum.

4. Fühlen Sie sich immer noch teilweise fremd in der Schweiz?

Nein. Ich war stets zweisprachig. Zudem steht in Schweizer Identitätspapieren, inbegriffen Reisepass, kein Geburtsort, lediglich der «Heimatort», und der ist «Genève» …

Wolf Werda, Journalist und Autor aus Kassel

Der Journalist und Autor Wolf Werda wird 1938 in Tilsit, im heute russischen Teil des ehemaligen Ostpreußens geboren. Werdas Familie lebt ab

Herbst 1946 zunächst in Niedersachsen und dann im Ruhrgebiet. Werdas Familie fühlt sich überall, wo sie in Westdeutschland lebt, gut aufgehoben und angesehen.

Werda hat väterlicherseits norddeutsche Wurzeln und seine Großmutter mütterlicherseits war eine Weimarer Sozialdemokratin. Auch diese Tatsachen dürften dafür verantwortlich sein, dass Werdas Familie kein Ressentiment entgegenschlägt und ihm jede Form der Fremdheitserfahrung in der BRD erspart bleibt.

Wolf Werda ist Antifaschist, er tritt nach dem Krieg für ein neutrales Gesamtdeutschland ein, was er auch rückblickend für die beste politische Ausrichtung Deutschlands hält. In diesem Jahrhundert, meint Wolf Werda heute, wird die Bundesrepublik Deutschland nicht mehr aus der Nato herauskommen. Wolf Werda war naher Zeitzeuge des politischen Geschehens der 1968er Epoche, erlebte hautnah Rudi Dutschkes Wirken in der BRD bis Anfang der 1970er Jahre.

Das Verhältnis zu den Heimatverbänden ist für Werda wegen deren Rechtslastigkeit ambivalent gewesen, gern führt Werda in 1964 oder 1965 auf einer Zugfahrt ein längeres Gespräch mit dem Sudeten Wenzel Jacksch, SPD, dem damaligen Präsidenten des BDV. Werda und Jacksch treffen sich, als dieser auf dem Weg zu einer Pressekonferenz in Düsseldorf ist. Werda berichtet, dass der Sudete Jacksch sich selber als Antifaschist bezeichnet.

Jacksch habe einen recht guten politischen Draht zu Willy Brandt gehabt. Die Ostpolitik des SPD-Außenministers und späteren Kanzlers Brandt sei nicht zuletzt durch Jackschs Inspiration auf den Weg gekommen.

Jacksch, dem Werda ein besonderes Charisma zuschreibt, kann die neue Ostpolitik nach 1966 jedoch nicht mehr aktiv mitgestalten, da er bereits 1966 bei einem Autounfall verstirbt.

Stephan Protschka, Elektroinstallateur, Mitglied des Bundestages für die AfD, ordentliches Mitglied im Bundestagsausschuss für Ernährung und Landwirtschaft, Mitglied im Bundesvorstand der AfD, Vorsitzender der AfD im Regierungsbezirk Niederbayern

1. Herr Protschka, Ihr Großvater wird kurz nach dem Krieg aus dem Sudetenland nach Bayern vertrieben. Hat er Ihnen erzählt, dass er sich im Freistaat fremd gefühlt hat?

Ja, es war halt nicht seine Heimat.

2. War es in der Kleinstadt Dingolfing schwerer heimisch zu werden, als es vielleicht für

deutsche Heimatvertriebene in der Großstadt München gewesen wäre?

Sie wurden, soweit ich weiß, recht neutral aufgenommen. Der Landkreis wurde ja noch in den letzten Kriegsmonaten schwer zerstört, da war das schon in Ordnung.

3. Gab es in den Nachkriegsjahren wirklich schon einen guten Zusammenhalt zwischen Bayern und den Heimatvertriebenen?

Das kann ich nicht beantworten, darüber wurde nicht gesprochen.

4. Sympathisierte Ihr Großvater mit einer politischen Partei?

CSU.

5. Herr Protschka, Sie sind seit 1. Dezember 2017 Beisitzer im Bundesvorstand der AfD. Wollen Sie dort die Stimme der Nachkommen der deutschen Heimatvertriebenen, Aussiedlern sowie der deutschen Minderheit im Ausland sein?

Ja, selbstverständlich. Ich sehe es als meine Aufgabe an, nicht nur die letzte lebende Generation der Heimatvertriebenen besonders zu berücksichtigen, sondern auch das Andenken an das deutsche Volkstum außerhalb der bundesdeutschen Grenzen zu bewahren.

6. Was wird die AfD im Bundestag machen, um die politischen Beziehungen Deutschlands zu Russland zu verbessern?

Gute Beziehungen zur Russischen Föderation liegen in unser aller Interesse. Ich unterstütze da voll und ganz die Linie unseres Vorsitzenden Alexander Gauland.

7. War es richtig, dass die Bundesrepublik nach dem Krieg ab 1970 immer noch die Aussiedlung großer Teile der verbliebenen deutschen Minderheit aus der UdSSR, aus Polen oder Rumänien forderte und förderte?

Den Ausreisewilligen musste natürlich geholfen werden, aber dadurch ist natürlich auch eine jahrhundertealte Volkstumslinie an vielen Orten erloschen. Das bedaure ich als Deutscher sehr, freue mich aber persönlich sehr darüber, dass vielen Landsleuten die Rückkehr in das Land der Väter ermöglicht wurde.

8. Wie wird vermutlich die AfD im Bundestag den Kontakt zu den deutschen Minderheiten herstellen und hiernach deren Interessen dort vertreten?

Wir werden hierbei nicht nur die offiziellen Kanäle über die Vereine und Verbände beschreiten sondern denken auch über individuelle Maßnahmen zur Förderung einzelner Hoffnungsträger der Minderheiten in den verschiedenen Erdteilen nach.

Erika Steinbach, Frankfurt a. M., Vertriebenenpräsidentin a. D., parteilos, Jahrgang 1943, Vorsitzende der Erasmus-Stiftung

Ich war noch viel zu klein, um Ablehnung bewusst wahrzunehmen. Auf politischer Ebene musste ich in den vergangenen Jahren registrieren, dass es in den politisch eher links orientierten Parteien in weiten Teilen Ablehnung gegenüber dem Schicksal der deutschen Heimatvertriebenen gibt. Ein solidarisches Bewusstsein, dass wir eine Schicksalsgemeinschaft sind, fehlt zu häufig.

Georg Renusch aus Lage/Lippe, Maschinenbauingenieur und Unternehmer i. R., 10.11.2017, ehemaliges Ratsmitglied der CDU Lage/Lippe

Der römisch-katholische Glaube ist für den 1938 in Neustadt/Westpreußen geborenen Maschinenbauingenieur Georg Renusch aus Lage in Lippe der feste Halt seines Lebens.

Renusch weist darauf hin, dass er viele polnische Freunde hat, aber ebenso auch, dass er von Februar bis Mai 1945, also noch lange vor der Kapitulation, in einem von Polen geführten Arbeitslager mit seiner Mutter und seinen beiden Schwestern inhaftiert war.

Renusch wurde kriegsbedingt dreimal in die erste Klasse eingeschult, erstmalig im Dritten Reich vor Kriegsende, dann in Polen nach Kriegsende und 1946 nach der Vertreibung aus Westpreußen in Schollene, einem Dorf in der Nähe von Rathenow, in der damaligen Ostzone.

Da sein Vater in der DDR zum Fluchthelfer wurde, musste er nach Bekanntwerden der Tat die DDR sofort verlassen. Über Flüchtlingslager in Westberlin und Hamburg kommt er in ein Flüchtlingslager nach Lage in Lippe. Renusch sagt, dass er aufgrund seiner Erlebnisse keine Heimat hat. Seine Heimat ist dort, wo er gerade lebt. Eine besondere Politik für Heimatvertriebene hat es für ihn nie gegeben. Genaue Zahlen über Heimatvertriebene sind ihm nicht bekannt. Durch die Zuwanderung deutscher Flüchtlinge aus den Ostgebieten stieg allerdings die Zahl der Katholiken in Lage von ca. 100 am Ende des Krieges auf ca. 5500 in den 1950er Jahren an.

Renusch, der von 1969 bis 2016 der CDU angehörte, tritt auch heute für einen Friedensvertrag ein, damit Deutschland endlich die volle Souveränität erlangt. Es ist auch sicherlich nicht im Sinne aller an den zwei +4 beteiligten Parteien, dass heute NATO-Truppen vor der Russischen Grenze stationiert werden.

Renusch steht gern für die Belange und Sorgen junger Menschen ein, die ihm anvertraut werden, in Sport, Politik, Wirtschaft oder der Kirche. Über 40 Jahre bildete er Lehrlinge in verschiedenen Berufen aus. Als Beispiel führt er an, dass es ihm glückte, drei Jungen einer Sonderschule, gegen den Willen seiner Vorgesetzten, einen Berufsabschluss zu ermöglichen, die heute imstande sind, ihre Familien ohne fremde Hilfen ernähren zu können und als Facharbeiter unter den Kollegen hohe Anerkennung finden.

Literaturverzeichnis

Buchna, Kristian: "Nationale Sammlung an Rhein und Ruhr", Middelhauve und die nordrhein-westfälische FDP, 1945 – 1953, München 2010

Elias, Norbert: "Symboltheorie", Gesammelte Schriften, Frankfurt/Main 2001 – 2004

Joelles, Hiddo M.: "Zur Soziologie der Heimatvertriebenen", Köln 1965

Leiserswitz, Ruth: "Die unbekannten Nachbarn", Wien 2008

Müller, Mathias: "Die SPD und die Vertriebenenverbände 1949 – 1977", Münster 2012

Neckel, Sighard: "Die Macht der Unterscheidung", Frankfurt/Main 1993

Neumann, Franz: "Der Block der Heimatvertriebenen und Entrechteten, 1950 – 1960, Meisenheim 1968

Park, Chuer-Ung: "Alles Liebe, oder?", Bielefeld 1998

Piorr, Ralf: "Reise ins Unbekannte. Ein Lesebuch zur Migrationsgeschichte in Herne und Wanne-Eickel", Essen 1998

Selke, Stefan: "Schamland", Berlin 2015

Soeffner, Hans-Georg: "Die Auslegung des Alltags – der Alltag der Auslegung", Frankfurt/Main 1989

Sternburg, Jan Philipp: "Auswanderungsland, Zu-
wanderungsland. Die Doppelrolle der Migrationspolitik in der frühen Bundesrepublik",
München 2012

Stöss, Richard: "Vom Nationalismus zum Umwelt-
schutz", Opladen 1980

Stöss, Richard: "Parteien-Handbuch", Opladen
1984

Zeitungen und Zeitschriften

Ajdic, Andrej: "Aushalten und nicht aufgeben heißt
die Devise", in: Die Aula vom November
2016, S. 15

Astheimer, Sven: "Polen first" in: FAZ Nr. 210 vom
9. September 2017, S. 21

Bannas, Gunter: "Nichts für schwache Nerven" in:
FAZ Nr. 210 vom 9. September 2017, S. 21

Berger, Peter L.: "Soziale Unterschiede auf hohem
Niveau" in: Frankfurter Rundschau Nr. 269
vom 19. November 2002, S. 24

Dudda, Frank: "Grußwort des Oberbürgermeisters
der Stadt Herne" in: Ortelsburger Heimatbote
2017, S. 9

Eichberg, Henning: "Volk, Folk und Feind" in: Wir
Selbst Nr. 1/1998, S. 35

Fabian, Molina: "Nie hat die Schweiz alles Fremde
so sehr abgelehnt wie heute" in: Junge Welt

vom 3./4. Januar 2015 in der Wochenendbeilage "Faulheit und Arbeit", S. 1

Faltin, Peter: "Ich beuge mich niemandem mehr" in: Stuttgarter Zeitung vom 13. Juni 2005, S. 25

Feddersen, Carola: "Rituale" in: Natur und Heilen Nr. 11/2017, S. 40

Gabert, Volkmar: "Es gibt keine gerechten Vertreibungen" in: Wir Selbst Nr. 1 – 2/1999, S. 74

Gehler, Michael: "Neu beginnen" in: Aus Politik und Zeitgeschichte Nr. 12/2017, S. 6

Geinitz, Christian: "Von der schwärzesten zur buntesten Stadt Europas", in FAZ Nr. 242 vom 18. Oktober 2017, S. 21

Girtler, Roland: "Landler und Sachsen in Siebenbürgen" in: Wir Selbst Nr. 1/1998, S. 68

Habeck, Robert: "Wir müssen uns trauen von Heimat zu reden", in: FAZ Nr. 233 vom 7. Oktober 2017, S. 2

Hopf, Hans: "Das Trauma in den Kinderseelen" in: Junge Freiheit Nr. 4/2018 vom 19. Januar 2018, S. 3

Hütt, Hans: "Was heißt mehr Demokratie wagen?" in: FAZ Nr. 225 vom 27. September 2017, S. N. 3

Kerski, Basil: "Was uns trennt, verbindet uns" in: Aus Politik und Zeitgeschichte Nr. 10/11 2018 vom 5. März 2018, S. 7

Kniebe, Tobias: "Erzähl" in: Süddeutsche Zeitung
    Nr. 196 vom 26./27. August 2017, S. 17

Knöfel, Ulrike: "Gläubige und Glaubwürdigkeiten"
    in: Der Spiegel Nr. 23 vom 19. Mai 2018,
    S. 116

Kokies, Martin: "Deutsche als weiße Neger" in:
    Das Ostpreußenblatt Nr. 3 vom 19. Januar
    1957, S. 3

Koper, Eitel: "Polen beschleunigt die Aussiedlung"
    in: Das Ostpreußenblatt Nr. 3 vom 19. Januar
    1957, S. 1

von Kotzian, Ortfried: "Mysterium der Herkunft"
    in: FAZ Nr. 101 vom 30. April 2004, S. 12

Lauterbach, Reinhard: "Mensch weg, Problem
    weg" in: Junge Welt Nr. 174 vom 29./30. Juli
    2017, S. 15

Lindner, Christian: "Ohne die Grünen hätte es
    zweifelsohne geklappt" in: FAZ Nr. 271 vom
    22. November 2017, S. 2

Lohse, Eckart: "Ein Grüner bei den Vertriebenen"
    in: FAZ Nr. 80 vom 3. April 2015, S. 3

Michel, Ivonne: "Die führenden Extremismus-
    Forscher" in: Neue Westfälische vom 4. De-
    zember 2017, S. 6

Mohren, Johannes: "Der Aufstand war vorbereitet"
    in: FAZ Nr. 234 vom 9. Oktober 2017, S. 2

Müller, Olaf und Pollack, Detlef: "Angekommen und auch wertgeschätzt?" in: Aus Politik und Zeitgeschichte Nr. 27 – 29 vom 3. Juli 2017, S. 41 – 46

von Odenwald, Herrolt: "Staaten, Völker und Nationalitäten" in: Die Aula vom November 2016, S. 57 – 59

Ohne Namen: "Kulturelle Vielfalt Leitkultur" in: Lippische Landeszeitung Nr. 156 vom 8./9. Juli 2017, S. 9

Ohne Namen: "Gestorben – Linus Kather" in: Der Spiegel Nr. 12/1983

Ohne Namen: "Gutachten – Deutschland muss Reparationen zahlen" in: FAZ Nr. 212 vom 12. September, S. 1

Ohne Namen: "Die Inventur der Habenichtse" in: Der Spiegel vom 14. August 1948, S. 20

Pangiotidis, Jannis: "Postsowjetische Migranten in Deutschland" in: Aus Politik und Zeitgeschichte Nr. 11/12 2017 vom 10. März 2017, S. 38 – 46

Prokop, Dieter: "Deutschland braucht keine Moralkeulen" in: FAZ Nr. 169 vom 24. Juli 2017, S. 6

Razumovsky, Dorothea: "Der Mensch hat ja kein Ziel nicht", in: FAZ Nr. 216 vom 16. September 1995, S. 3 (Beilage: "Bilder und Zeiten")

Repenbrink, Johannes: "Editorial" in: Aus Politik und Zeitgeschichte Nr. 11/12 2017 vom 13. März 2017, S. 3

Riemann, Erhard: "Hochdeutsch verdrängt die Mundarten" in: Das Ostpreußenblatt vom 19. Januar 1957, S. 3

Rogalski, Hans: "Flucht 1945 und danach" in: Ortelsburger Heimatbote 2017, S. 110

Schäffer, Albert: "Seehofers Debakel" in: FAZ Nr. 223 vom 25. September 2017, S. 3

Seiler, Benjamin: "Die wahre Bedeutung von Heimat" in: Zeitenschrift Nr. 85/2016, S. 26 – 27

Selmeci, Andreas: "Erklärung über Bevölkerungstransfers und die Sesshaftmachung von Siedlern" in: Wir Selbst Nr. 1/2 1999(2), S. 22

Stegmann-Kuhn, Wolfgang: "Die Zahl der working-poor ist deutlich angestiegen" in: Das Parlament Nr. 27 – 29, S. 3 – 4 (Debatte)

Stockner, Peter: "Kulturforum Steiermark: 100 Jahre Oktoberrevolution" in: Die Aula von November 2017, S. 52

Strauch, Christoph: "Das vernachlässigte Volk in Transsilvanien" in: FAZ Nr. 170 vom 25. Juli 2017, S. 3

Strausberger, Stanislaw: "Noch ist Polen nicht neu geboren" in: FAZ Nr. 163 vom 15. Juli 2017, S. 12

Veser, Reinhard: "Zionisten nach Zion" in: FAZ Nr. 57 vom 8. März 2018, S. 8

Wagner, Chris W.: "Bedrohung durch das Verhältniswahlrecht?" in: Das Ostpreußenblatt Nr. 48 vom 1. Dezember 2017, S. 14

Weißmann, Karlheinz: "Sie wollten unsichtbar sein" in: Junge Freiheit Nr. 49/2012 vom 30. November 2015, S. 15

Whittaker, Kai: "Oberstes Ziel bleibt, die Wirtschaft auf Kurs zu halten" in: Das Parlament Nr. 27 – 29/2017, S. 2

Zielcke, Andreas: "Die Halbwertzeit der Illusionen" in: Süddeutsche Zeitung Nr. 203 vom 4. September 2017, S. 10